ATI, WÊR IFAINC

Ysgrifau gan
Saunders Lewis

Detholwyd
gan
Marged Dafydd

CAERDYDD
GWASG PRIFYSGOL CYMRU
AR RAN YR ACADEMI GYMREIG
1986

Manylion Catalogio Cyhoeddi (CIP) Y Llyfrgell Brydeinig

Lewis, Saunders
   Ati, Wŷr Ifainc.— (Cyfres Clasuron yr Academi Gymreig)
   1. Cymru — Gwareiddiad
   I. Teitl II. Dafydd, Marged
   III. Cyfres
   942.9 DA711.5

ISBN 0-7083-0919-4

Cyfieithwyd y Manylion Catalogio Cyhoeddi gan y Cyhoeddwyr

Dymuna Gwasg Prifysgol Cymru a'r Academi Gymreig
gydnabod cymorth ariannol Cyngor Celfyddydau Cymru tuag
at gostau cyhoeddi'r gyfres hon.

Cysodwyd gan Afal, Caerdydd
Argraffwyd gan Bridgend Printing Company Ltd.

CLASURON YR ACADEMI

Golygydd Cyffredinol y Gyfres: P.J. Donovan

V

Ati, Wŷr Ifainc

CYNNWYS

tud.

Iaith

RHAGAIR

Gan amled diddordebau Saunders Lewis, a chan mor amryfal ei dalentau, nid hawdd ar hyn o bryd yw gweld ym mha gyfeiriadau yr erys gwerth ei gyfraniad i'r dyfodol. Nid oes amheuaeth bid siŵr am ei le yn hanes llenyddiaeth, yn neilltuol drwy ei waith dramatig a'i waith beirniadol; ond gwyddom hefyd i'w gyfraniad i fywyd a meddwl gwleidyddol Cymru yn yr ugeinfed ganrif fod yn sylweddol odiaeth. Traethodd hefyd o bryd i'w gilydd, yn y llu erthyglau a sgrifennodd, yn helaeth iawn am yr iaith, addysg a chrefydd.

Ymgais yw'r gyfrol hon i ychwanegu at y modd sydd gennym i sylweddoli ei gyfraniad cyflawn ac i ddarllen ffrwyth ei fyfyrdod gwerthfawr yn y tri maes hyn. Tra bu ei sylwadau ar wasgar, anodd fu i genhedlaeth newydd ddod yn gyfarwydd â meddwl un a fu'n ddylanwad mor ffurfiol ar ddeallwtriaeth ein cyfnod; ac anodd i bawb ohonom yw darllen yn drefnus y casgliadau y daeth ef iddynt drwy oes o fyfyrio am argyfwng ein gwlad.

Y bwriad oedd cyflwyno testun noeth i ddarllenwyr diwylliedig ac i efrydwyr heddiw. Diau y byddai pob unigolyn yn dethol casgliad gwahanol. Dyma ddetholiad o bopeth o wir bwys ar y tri maes hyn ynghyd â rhai ysgrifau byrrach ar faterion llai dadlennol. Mae'r defnydd yn amrywio'n ddirfawr o ran hyd, sylwedd a gwerth. Bu'n rhaid, wrth reswm ar hyn o bryd, hepgor llawer o fân ysgrifau Saunders Lewis. Ond hyderir fod y detholiad a gynhwyswyd yn ddigon i adlewyrchu'n deg brif ergyd syniadaeth Saunders Lewis yn y tri maes hyn.

Ymddengys fod Saunders Lewis yn ystyried mai calon ei syniadau gwleidyddol, llenyddol, ac addysgol oedd ei gynsail grefyddol. Fe ganfu'n weddol gynnar, fel y dengys yr ysgrifau hyn, i ba gyfeiriad yr oedd rhydd-frydiaeth anghydffurfiol yn arwain Cymru – nid yn unig tuag at anghrediniaeth ddifater, eithr hefyd i'r afreswm a'r anffurfiedig, ac yn y pen draw i wacter celfyddydol. Trafodwyd y ddadl rhyngddo a Gruffydd ar hyn gan John Emyr a Geraint Eckley. Mae'n fwy o lawer nag ymosodiad ar foderniaeth ddyn-ganolog. Mae ei ymwybod o bechod yn ei gadw ef rhag ymddiried yn anfeirniadol mewn dynion, ond y mae'i gredoau sagrafennol yn ei ddiogelu hefyd rhag ystyried fod y ddaear yn gwbl amddifad o bob daioni.

Heblaw hyn oll y mae ei bwyslais ar gymdeithas yr Eglwys a'i barch at *feddwl* yr athrawiaethau uniongred yn ei arwain i bleidio o'r newydd adfer addysg a fyddai'n cael ei chynnal gan yr eglwysi. Mewn geiriau eraill, ceir ganddo genadwri gydlynol wedi'i gwreiddio yn yr ysbrydol. Nid dyma'r achlysur i drafod hyn oll. Yn wir, camgymeriad efallai fyddai rhagymadroddi'n ormodol ar hyn o bryd rhag i'n rhagdybiau sefyll rhwng y darllenydd a'r testun. Mae gan bawb ei ragdybiau, er bod rhai'n sylweddoli hynny'n fwy na'i gilydd.

Byddai ambell un o bosib wedi hoffi rhagymadrodd manwl i'r gyfrol yn ceisio crynhoi neu ddadlennu datblygiad meddwl Dr Lewis ar y pynciau y bu'n eu trafod o tua 1922 ymlaen i ddechrau'r wythdegau (h.y. pynciau'r gyfrol hon). Byddai ambell un arall wedyn yn pleidio peidio â chyflwyno mwy na thestun noeth nes bod astudiaeth gyflawnach wedi'i gorffen o ddatblygiad meddwl y gŵr mawr hwn. Pa lwybr bynnag a ddilynid gellid rhag-weld collfarnu; ond barnwyd mai'r llwybr ymarferol gorau ar hyn o bryd oedd yr ail.

Yn ystod y blynyddoedd diwethaf hyn dechreuwyd casglu a dethol rhai o brif ysgrifau ac erthyglau gyrfa Saunders Lewis; ac fe'u cyhoeddwyd yn y ddwy gyfrol – *Meistri'r Canrifoedd* a *Meistri a'u Crefft*. Saif y casgliad bach cyfyngedig hwn yntau yn yr olyniaeth honno; a hyderwn cyn bo hir y cawn ddetholiad pellach o'i adolygiadau a chasgliad dethol hefyd o'i ysgrifau gwleidyddol.

Marged Dafydd a wnaeth y detholiad presennol hwn; ac fe noddwyd ei gwaith hi drwy grant hael gan y Swyddfa Gymreig a roddwyd i Adran y Gymraeg, Coleg Prifysgol Cymru, Aberystwyth.

Cafwyd cymorth gwerthfawr hefyd gan Pat Donovan, sef golygydd Cyfres y Clasuron wrth baratoi'r gyfrol i'r Wasg. A diolch hefyd, wrth gwrs, i Saunders Lewis ei hun am ei ganiatâd caredig i'r Academi gyhoeddi detholion o'i ysgrifau yn y gyfres hon. Yr ydym hefyd yn ddyledus i Iwan Llwyd Williams a Gwasg Prifysgol Cymru am eu gwaith gloyw wrth hyrwyddo'r gyfrol drwy'r wasg.

R.M.J.

CREFYDD

CODODD dadl yr Orsedd unwaith eto. Nid oes a fynno'r ysgrif hon â'r ddadl honno. Ond bûm yn siarad ag ysgolhaig a amddiffynnai'r Orsedd. Dyma ei air ef: 'Y mae mawr angen yng Nghymru am geinder a phasiant. Gall bod gwerth arbennig i genedl mewn pasiant. Nid oes fawr ohono yn ein gwlad ni, ond o'i geisio a thrwy ddyfalwch gellid troi'r Orsedd yn basiant blynyddol Cymreig a fyddai'n weddus ac yn gain. Oblegid hynny y cefnogaf i'r Orsedd.'

Bûm wedyn yn ystyried y peth. Gwn fod llawer heblaw'r ysgolhaig hwn yn credu'n gyffelyb iddo. Gwelir yr unrhyw duedd mewn amgylchoedd eraill. Mewn crefydd, er enghraifft. Dywed llawer fod gwasanaeth crefyddol yng Nghymru yn llwm a diurddas. Hawlir mwy o liw a cheinder mewn addoliad er mwyn denu cynulleidfaoedd. Dywedir y dylai fod urddas ar wasanaeth, ac y dylid ei geisio. A ddylai llywydd y Gymdeithasfa wisgo gŵn? Paham? Er mwyn urddas a phasiant. Dyna duedd amlwg yng Nghymru, a phrif amddiffyniad yr Orsedd.

Diddorol yw sylwi bod y duedd hon yn cydredeg â thuedd arall, tuedd a ymrithia dan yr enw Moderniaeth. Erbyn heddiw y mae mwyafrif gweinidogion ymneilltuol Cymru, sy hefyd yn ysgolheigion o ryw fath, yn Foderniaid. Efallai mai gorau fyddai eu galw yn Undodwyr. Nid eu llysenwi yw eu galw felly. Bu rhai o feddylwyr cywiraf Cymru yn falch o'r enw. Tuedd amlwg ymhlith yr ysgolheigion ifainc hyn yw ymwadu â phob cred mewn miragl, yn y cwbl a elwid ers talm yn 'oruwchnaturiol'. Nid oes mewn sacrament − neu, yn yr hen ddull, sagrafen − ystyr iddynt o gwbl. Nid yw'n ddim ond peth i helpu'r cof a thynnu sylw, peth y gallai'r Cristion cryf ei hepgor yn rhwydd. Yn wir, gwlad ddisagrafen yw Cymru ymneilltuol heddiw.

Dyma felly ddwy duedd ym mywyd Cymru'r awr hon: dyheu am basiant a defod; ac ymwrthod yn llwyr â sagrafen. Y mae'r ddwy duedd yn gwbl gyson â'i gilydd, a'r ddwy yn llawn awgrymiadau ynghylch cyflwr meddwl Cymreig ein hoes. Mi ychwanegaf ar unwaith eu bod yn atgas gennyf, a'u bod yn arwyddion a farnaf i yn ofidus.

Dywedais eu bod yn gyson â'i gilydd. Ar yr wyneb ymddengys hynny'n wrth-ddywediad; canys yn yr Eglwys Gatholig, sy'n eglwys sagrafennol, y ceir y mwyaf o ddefod a phasiant; a'r gwledydd sagrafengar, megis yr Eidal, a Sbaen, a Ffrainc, sydd hefyd yn fwyaf celfgar ac yn ymhyfrydu mewn ceinder a lliw. Diau a diamau. Pa le bynnag y bo sagrafen, fe dyf o'i chwmpas ddefod a phasiant a chelf. Cred yn y sagrafennau a gododd o gylch pob allor gampweithiau eglwysi cadeiriol yr Oesoedd Canol. Colli cred yn y sagrafen a'r syniad dyfnaf am 'Dŷ Dduw' a gododd 'dai cwrdd', sef capelau diaddurn a dibensaernïaeth y Protestaniaid ymneilltuol. Cred yn y sagrafen a greodd holl rwysg yr Offeren Uchel. Anghredu ynddi a barodd ddyfeisio (yn America yn gyntaf) y cwpanau unigol, a'r cymun nad yw ond help i gofio am aberth a fu. Ond sylwer: er bod yn yr Offeren Uchel bob rhwysg ac ardderchowgrwydd, gwisgoedd a chanhwyllau a thuser ac

1

arogldarth a sain organ a phasiant, nid y rhain yw hanfod yr offeren. Y mae'r Offeren Isel, y gwasanaeth cyffredin mewn Capel Catholig cyffredin, sy'n gwbl syml a diaddurn a thlawd, yn llawn cymaint offeren, yn llawn mor effeithiol, yr un mor llawn addoliad ac ystyr, ag yw'r Offeren Uchel a'i holl rwysg. Canys hanfod y peth yw'r sagrafen, yr aberth a'r cymundeb. Heb hynny nid oes offeren. Heb y rhwysg a'r pasiant, ni chollir dim hanfodol. Ond heb y sagrafen, nid oes reswm dros ddim nac achos nac esgus dros unrhyw ddefod o gwbl. Hynny yw: pa le bynnag y bo sagrafen, yno y rhoddir y lleiaf o bwys ar ddefod a phasiant er eu mwyn eu hunain. Nid oes neb Cristion catholig yn credu dim mewn pasiant neu ddefod er eu mwyn eu hunain. Cred ef yn unig mewn sagrafen, mewn sacrament. Heb hynny, ffug a rhodres, a thwyll, a phechod yw pob defod a phob ardderchowgrwydd mewn gwasanaeth. Y mae pasiant digynnwys yn ugain gwaith gwaeth na'r aflerwch mwyaf gwerinaidd. Y mae symbol ansymbolaidd cynddrwg â halen anhallt.

Collodd Cymru ei ffydd mewn sagrafen a chrefydd sagrafennaidd. Un o effeithiau hynny oedd colli ei chwaeth, a cholli cariad at fireinder mewn capel ac addoliad. Lledodd y diffyg chwaeth hwnnw i gylchoedd eraill ein bywyd, i'n llenyddiaeth a ddirywiai'n fwyfwy fel y darfyddai'r meddwl sacramentaidd o'n mysg, ac yna i'n tai a'n pentrefi a'n trefi sy'n hacrach na thai a threfi unrhyw wlad arall yn nhiroedd cred. Pe caniatâi gofod, gellid dangos mai ymgais oedd gwaith Goronwy Owen yn y ddeunawfed ganrif, a gwaith Pantycelyn yntau, i greu rhywbeth newydd a gyflenwai'r gwacter hwn yn yr ysbryd Cymreig. Ond methiant fu ymdrechion y ddau. Dirywiai'r meddwl sagrafennaidd o hyd, a dirywiai chwaeth a chelfyddyd a phob gras ac addfwynder. Erbyn heddiw diflannodd pob syniad am sagrafen, ond sylwer ar ganlyniad hynny. Daeth arnom arswyd rhag llymder a thlodi a hacrwch ein byd. Cododd dyhead am liw a cheinder, defod ac urddas. Rhaid cael pasiant yn ôl. Hynny yw, yr ydym yn prisio defod a phasiant er eu mwyn eu hunain, gan gredu'n ffôl ac yn ofergoelus fod gwerth ynddynt. Ceir gweinidogion ymneilltuol yn dynwared offeiriaid trwy wisgo gŵn yn y pulpud. Ni ddeallant nad oes werth o gwbl i neb offeiriad mewn na chasul nac offerengrys. Arwyddion neu symbolau yw'r crys a'r casul. Gellir dysgu eu harwyddocâd. Dibynna eu gwerth yn llwyr ar eu cysylltiad â'r sagrafen. Rhan o'r moddion ydynt i gyfleu effaith y sagrafen drwy'r synhwyrau i'r ysbryd. Nid oes y dim lleiaf o werth mewn nac addurn na phasiant ynddo'i hun. Gŵyr pob efrydydd llenyddiaeth mai ffiaidd yw addurn mewn cerdd. Mynegiant yn unig sy'n wiw. Felly mewn addoliad: harddwch mynegiant yn unig sy'n oddefadwy, ac ni all bod hynny lle ni bo sagrafen. Aeth Cymru yn arwynebol a materol, yn eilunaddolgar, yn orseddgar, oblegid colli ohoni'r meddwl sacramentaidd. Pob mudiad pwysig yn ein hanes er yr unfed ganrif ar bymtheg, ni bu ond ymgais i gael rhyw beth arall a wnâi ei dro. Heddiw cynigir inni'r materol a'r arwynebol, y diystyr a'r gau – sef pasiant er mwyn pasiant. Testun y gadair yn Eisteddfod Abertawe yw 'Y Mynach'. A ellid gwell praw o ragrith ein hoes? Paham y dewisir testun sy'n groes i holl dueddiadau ein hoes? Nid oes ystyr o gwbl i fynach ar wahân i sagrafen. Ond fe ddewisir testun felly am iddo ymddangos i hanner-beirdd yn rhamantus a dieithr, rhywbeth y gellid sentimentaleiddio drosto a thynnu darlun o abaty'r Oesoedd Canol pell − y wedd arwynebol ar fywyd. 'Chwilio gem a chael gwmon.' Mor gyson yw Cymru yn ei materoliaeth farw.

Y Faner, 8 Gorffennaf 1926

Fy Annwyl Olygydd,

Dwy neu dair gwaith yn ddiweddar, yn y *Llenor* ac mewn cylchgronau Saesneg, fe welsoch yn dda ymosod arnaf i ac ar y mudiad a elwir gennych yn fudiad Neo-Catholig yng Nghymru heddiw. Unwaith, yn wir, aethoch cyn belled ag awgrymu mai culni pabyddol a rwystrodd imi feirniadu'n deg waith y diweddar Syr Owen M. Edwards.[1] Petrusais innau'n hir cyn ateb y beirniadaethau hyn. Yn un peth, y mae fy mharch i chi eich hunan yn gymaint – mi ddangosais hynny yn fy mhamffled Saesneg ar lên Cymru heddiw – fel na fynnwn i wneud dim i niweidio eich dylanwad ar lenorion ac efrydwyr. Yn ail, ofnaf ddadleuon crefydd. Eisoes gwelaf yn eich geiriau chi – 'my disgust'[2] fod yr hen ysbryd a nodweddai awduron y ganrif ddiwethaf pan sonient am 'babyddiaeth' yn aros mor hoyw ag erioed, ac na wnaeth nac amser na diwylliant ond ychydig i'w symud ymaith. A gaf i ddweud y cwbl o'm hofn? Ofn sydd arnaf wybod pa mor anewropeaidd y gall hyd yn oed arweinwyr meddwl Cymru heddiw fod.

Ond er gwaethaf fy ofnau, y mae yna gymaint sy'n gamarweiniol yn eich beirniadaeth chi, fel na allaf beidio ag ymyrryd i egluro pethau. Ac yn gyntaf oll, yr ydych yn cyfeiliorni yn eich ffeithiau. Gwn mai bychan yw eich diddordeb chi yn llenyddiaeth gyfoes y Cyfandir, ac mai mewn llenyddiaeth Saesneg a Chymraeg y mae eich cyfarwyddyd yn ddiogel. Mewn Saesneg, teg yw imi gydnabod, y mae eich gwybodaeth yn llawnach ddigon na'm dysg i. Ond gan na wyddoch chi ond ychydig am feirdd a llenorion Ffrainc a'r Eidal, eich tuedd yw dibynnu ar ysgrifau Mr Ambrose Bebb i egluro popeth sy'n anghynefin i chi yn fy ngwaith i a'i waith yntau. Felly, yr ydych yn esbonio mai effaith Maurras a'r *Action Française* sy'n gyfrifol am fy null i o feddwl ac am y mudiad Catholig yn llên Cymru heddiw. Yn wir, diau bod dylanwad Maurras yn fawr ar syniadau politicaidd Ambrose Bebb, ond yr wyf yn tybio – er nad adwaen i Bebb yn ddigon da i fod yn sicr – bod y *Revue Universelle* a gwaith yr athronydd a'r hanesydd, Jacques Bainville, yn drymach eu heffaith ar ysgrifau diweddar Bebb na gwaith Maurras ei hun. Amdanaf innau, os goddefwch hyn o hyfdra a hunanoldeb, petai arnaf ddyled i Maurras a'r *Action Française,* nid heddiw, a hithau'n adeg o gyfyngder arnynt, y gwadwn i ddyled na diolch iddynt. Darllenais dri neu bedwar o lyfrau Maurras, yn arbennig ei waith mewn beirniadaeth lenyddol, canys fel beirniad llenyddol y mae iddo bwysigrwydd pendant. Ond rhaid imi ddweud y peth sy'n ffaith: ni chafodd syniadau politicaidd Maurras nemor ddim effaith arnaf, ac ni welais erioed ond rhyw ddeg neu ddeuddeg rhifyn o'r *Action Française.* Os byddwch chi mor amyneddgar ag edrych eilwaith ar fy mhamffled i ar *Egwyddorion Cenedlaetholdeb,* fe welwch ar unwaith fod tuedd fy ysgrifau, fy nadl dros feddwl Ewropeaidd a meddwl gwrthwladwriaethol mewn gwleidyddiaeth, yn gwbl groes, yn hanfodol groes i holl ddysgeidiaeth Maurras. Ni allai dim fod yn fwy atgas gan ysgol yr *Action*

---

[1] *Llenor*, Gaeaf 1926, td. 198.
[2] *T.P.'s and Cassell's Weekly.*

Française. Gellir rhoi'r gwahaniaeth mewn dwy frawddeg: I'r *Action Française,* y mae Ffrainc yn bod yn erbyn Ewrop. I'r *Ddraig Goch,* nid yw Cymru'n bod namyn fel rhan o Ewrop.

Nid Maurras na'i ysgol yw'r unig ddysgawdwyr Catholig yn Ffrainc heddiw. Y gwir yw bod adfywiad Cristnogol cryf yn un o brif nodweddion llenyddiaeth Ffrangeg ein hoes ni. Cyfaddefaf fod arnaf i ddyled drom i'r bardd a'r dramäydd Cristnogol, Paul Claudel, i'r nofelydd gan François Mauriac, i'r beirniad llenyddol a fu farw mor ifanc a sydyn, Jacques Rivière. Dysgais hefyd bopeth a wn i am athroniaeth Gristnogol yr oesoedd canol gan yr ysgolhaig mawr hwnnw, Etienne Gilson. O mynnwch chi wybod am ffynonellau llawer o'm meddwl i, erfyniaf arnoch ddarllen yr awduron hyn. Wedi i chi eu darllen, mi gredaf y deellwch yn well baham nad oes gennyf gydymdeimlad â thueddiadau Moderniaeth Anghydffurfiol Cymru heddiw, nac â Christnogaeth sentimental llyfrau fel *The Life of Jesus* gan Middleton Murry.

Anffawd fawr i lenyddiaeth Gymraeg ein hoes ni yw nad oes gennym sgrifen-wyr gwrth-Gristnogol. Nid oes gennym neb (ag eithrio efallai un bardd mawr) sy'n gwadu Crist, yn gwrthod hawl Crist, yn deall yn bendant y peth a gynhwysir yng ngalwad Cristnogaeth, ac yn dweud 'Na' wrtho. Ni byddai gennyf i ond edmygedd llwyr i gryfder a gonestrwydd meddwl y fath awdur. Rhai felly yw amryw o lenorion mwyaf Ffrainc heddiw. Un felly yw André Gide. Un felly yw'r prif feirniad llenyddol a gododd yn Ewrop ers y rhyfel, sef Ramon Fernandez. Yng Nghymru ni cheir y gonestrwydd na'r cryfder hwnnw. Nid oes gennym ni ond heretigiaid. Ymffrostia ein llenorion ni oll oblegid mai 'Anghydffurfwyr' ydynt, a phob un yn anghydffurfio â phob un arall. Ond haerant oll eu bod yn Gristnogion. Ni wrthodant Grist fel y dylai gŵr bonheddig. Rhoddant arno sarhad gwaeth ganwaith na'i wrthod: llurguniant ef. Aeth Crist yn ddarn clai yn eu dwylo, a throir ef yn weledydd, yn athrylith, yn broffwyd, yn artist, yn garwr, yn ddyngarwr, yn 'Fodryb Sali' ffair y beirdd.

Yn hytrach nag ymosod ar y drysni hwn, tuedda'r to presennol o bregethwyr a diwinyddion – awduron y *Geiriadur Beiblaidd* – i'w ganmol a'i ddilyn. Brysiant i'w gofleidio, ac un o'r pethau digrifaf a welais i yn ddiweddar oedd y brwdfrydedd a ddangoswyd gan ddiwinyddion a gweinidogion pan gyhoeddwyd eich ysgrifau chi, Syr, ar 'Wrthryfel ac Adwaith' ac ar 'Y Proffwyd' yn *Y Llenor.* Braidd na chredaf mai er mwyn ordeinio'r ysgrifau hynny yn llyfrau canonaidd y dengys y Methodistiaid gymaint brys i newid eu Cyffes Ffydd. Yr wyf yn deall hynny. Crist y proffwyd yw arwr colegau diwinyddol Cymru heddiw, Crist a ddarganfu Dduw, a enillodd weledigaeth ddihafal o drefn ac amcan bod, ac a fu farw'n ferthyr santaidd dros wirionedd ei weledigaeth – esiampl o Gymry ieuainc a thestun huawdledd niwlog y pregethwr modern.

Ers dwy flynedd a hanner bellach mi fûm i'n astudio bywyd a gwaith Williams Pantycelyn. Bu'r ddisgyblaeth honno'n werthfawr imi ac yn agoriad llygad ar broblemau fy mywyd a'm hoes fy hun. Un peth a ddarganfûm oedd fod y syniad hwn am Grist y proffwyd yn bur hen. Fe'i ceir yn *Theomemphus* ym mhregeth Arbitrius Liber. Y rheswm na fedrodd Theomemphus dderbyn yr athrawiaeth honno oedd oblegid iddo, drwy ryw anffawd ffôl, ddarganfod ei fod yn 'bechadur'. Ond tua'r un adeg ag y darganfu Theomemphus ei fod yn bechadur, fe ddarganfu Rousseau ei fod ef yn fab Duw; a Rousseau yn hytrach na Phantycelyn yw ffynhonnell y meddwl diweddaraf yng Nghymru. Nid yn union-gyrchol, wrth gwrs, ond trwy farddoniaeth ramantus Lloegr a gwyddoniaeth y ganrif ddiwethaf a thrwy droi damcaniaethau Darwin yn ddiwinyddiaeth. Y canlyniad yw mai gwan iawn a disylwedd yw'r syniad am 'bechod' yng Nghymru heddiw. Nid yw neb o'r moderniaid na'r cyfrinwyr rhamantus yn eneidegwyr, ac oblegid na wyddant nemor ddim am eneideg nac am ymholiad, ni wyddant ychwaith am bechod.

Trueni yw hynny. Colled i lenyddiaeth yw colli pechod. Heb bechod ni cheir fyth ddim oddieithr barddoniaeth delynegol megis y sydd yng Nghymru heddiw, ac a geir hefyd, mi glywais ddweud, yn y nefoedd, gwlad arall sy'n brin o bechaduriaid. Ond a ninnau ar y ddaear, dylem barchu ein hetifeddiaeth a gwneud yn fawr o bechod. Hwn yw deunydd trasiedïau gorau'r byd, gwaith Shakespeare a Racine. Pechod yw sylwedd y nofelau clasurol, a'i ymwybod angerddol ohono a roes i Dostoefsci ei rym dihafal. Od yw 'Atgof' Mr Prosser Rhys yn gân a erys yn y cof yn hir wedi diflannu pryddestau eraill, onid y rheswm yw mai darganfod pechod yw ffaith fawr y gerdd?

Crefydd 'y Proffwyd' yw crefydd na rydd le pwysig i bechod yn ei chyfundrefn. Fe all y grefydd honno roi pwys mawr ar gymundeb â Duw ac ar ddilyn Crist, ond ni thwylla hynny neb a gafodd ddysg rhag gwybod ei bod hi'n gwbl groes i Gristnogaeth. Arbenigrwydd Cristnogaeth erioed fu rhoi bri neilltuol ar bechod; codi pechod i'r fath ogoniant a phwysigrwydd fel yr oedd yn rhaid i Grist fod yn neb llai na Duw, a hwnnw'n marw fel dyn er mwyn diorseddu pechod. Ac i'r meddwl Cristnogol, pechod yw priodoledd arbennig dyn, y peth mwyaf dynol mewn bod, ac felly'n anhepgor i farddoniaeth a llên. Tuedd bendant crefydd y proffwyd yw dwyfoli dyn, troi pob dyn yn grist bach – hynny yw, colli ei ddynoliaeth gyflawn gyfoethog, a dwyn tlodi ar ddrama a nofel, a dinistrio llenyddiaeth eneidegol. Nid dadlau yr ydwyf yn awr dros gael llenyddiaeth grefyddol, eithr dros gadw mewn llenyddiaeth y syniadau mawr cyfoethog sydd mewn Cristnogaeth. Dyna a rydd werth ar waith nofelwyr yn Ffrainc a'r Eidal sy'n gwrthod Cristnogaeth. Nid Cristion mo André Gide. Ond ni wad Gide fod pechod. Yn hytrach, y mae'n dewis pechod. A rhag meddwl o neb fod hynny'n rhyfygus a gwaeth na dim, cofier mai dyna fyddai hanes Pantycelyn yntau oni bai fynd Duw yn drech nag ef:

> Gwell oedd gennyf gadw 'mhechod,
> Pa mor felus bara cudd,
> O fy anfodd
> D'est â'm beiau tan fy nhraed.

Ag awduron o'r math hwn y mae fy nghydymdeimlad i'n drylwyr, a'm hedmygedd o'u gwaith yn fawr.

Effaith colli'r ymwybod o bechod yw Moderniaeth Gristnogol, ac oblegid hynny y mae'n ffiaidd gennyf i. A'r unrhyw ddallineb sentimental – effaith tueddiadau afiach Rousseau yn treiddio drwy Ewrop – yw'r casineb at ddogma a sagrafen a diffiniad mewn crefydd. Y mae'n naturiol i'r rhai sy'n bychanu pechod gasáu diffinio. Unwaith y derbynier diffiniad yn egwyddor mewn bywyd, fe fydd yn rhaid ei gymhwyso at ysbryd dyn, at ecstasi'r proffwyd a llesmair serch, a dyna ddarganfod pechod — y peth a wedid. Ni all crefydd y proffwyd ddal diffiniad.

Yr oeddwn i ar fin terfynu'r llythyr hwn pan ddarllenais i rifyn Mai, 1927, o'r *Monthly Criterion,* cylchgrawn llenyddol Saesneg a olygir gan Mr T.S. Eliot. Yn y rhifyn hwn y mae yma adolygiad gan Mr Eliot ei hun y taer erfyniwn i ar lenorion ifainc Cymraeg ei ddarllen. Mentraf godi ohono un paragraff go faith:

> Whether we accept or reject Mr Belloc's own religious beliefs, we must accept the following paragraph: 'The reason that you do not have mawkish religious sentiment hanging about such minds as, in Catholic countries, have lost the Faith, is that those minds are founded upon Intelligence and despise muddle-headed emotionalism. They admit their loss of doctrine, and they are not afraid to face the consequence of what they conceive to be the truth. But in nations not of Catholic culture it is the other way about. Men like Mr Wells, who have ceased to believe that Our Blessed Lord was God, or even that He had Divine authority, cling desperately to the emotions which the old belief aroused — because they find those emotions pleasant. That is a piece of intellectual weakness for which corresponding men, atheists of the Catholic culture, very properly feel a hearty contempt.'

Ac yn awr, Syr, yr wyf yn gadael y ddadl hon i'ch barn chi a barn eich darllenwyr. Od yw fy nhueddiadau i yn ffiaidd gennych a chan y mwyafrif Cymry, erys un peth i'ch cysuro: nid oes un arwydd eu bod yn effeithio ar neb Cymro byw. Bydd codi'r cri o 'Babydd' yn ddigon i'm damnio gan fy nghydwladwyr; ac y mae hynny'n ddigrif a rhyfedd imi pan feddyliwyf fy mod innau hefyd o blith y rheiny na allant eto dderbyn yr iau, nac ymwrthod â phleserau byd a chnawd:

Pa mor felys bara cudd.

Yr eiddoch, Syr,

SAUNDERS LEWIS.

Y Llenor, Haf 1927

PARATOWYD y nodiadau ar gyfer yr anerchiad hwn yn Belgium lle bûm ar fy ngwyliau. Y mae o leiaf rai cysylltiadau rhwng Belgium a Chymru. Dangosodd ymchwiliadau llenyddol diweddar ddyled beirdd Cymru yn y bedwaredd ganrif ar ddeg i farddoniaeth drefol Ffleminaidd y cyfnod hwnnw. Yn ein dyddiau ni cafodd rhan o'r gweithgarwch cymdeithasol yn Belgium sylw yng Nghymru. Gwlad fach fel Cymru yw Belgium, wedi ei diwydiannu'n helaeth, ac y mae gan Belgium broblem ddwyieithog a setlodd, neu a setlir ganddi mewn ffordd y talai i Gymru ei hastudio. Yn wir, y mae Belgium yn un o wledydd bychain Ewrob Ladinaidd y dylai Cymru ddysgu gwersi pwysig oddi wrthi.

Ond dechreuais sôn am Belgium yn awr, nid yn unig am mai yn Belgium, mewn gwesty tan gysgod Eglwys Gadeiriol Ghent, y lluniais yr anerchiad hwn, eithr hefyd am fod hynny'n help imi gyda'm pwynt cyntaf. Y mae Belgium yn un o'r gwledydd mwyaf crefyddol a Chatholig yn Ewrob ac yn y byd. Yn awr, caniatewch imi fwrw ddarfod i chwi, fy nghyd-Gatholigion sydd yma heno – a'r rhan fwyaf ohonoch, mi dybiaf, o darddiad Gwyddelig, a lliaws mawr o'ch rhieni wedi dyfod i Dde Cymru o Iwerddon yn ystod datblygiad diwydiannol y bedwaredd ganrif ar bymtheg – ymfudo nid i Dde Cymru ond i Belgium, pa beth wedyn fuasai eich hanes?

Oni allwn ni ddyfalu gyda pheth hyder y buasech chwi, yr O'Connors a'r Donovans ac O'Learies Iwerddon, bob un ohonoch yn siarad Fflemineg fel dinasyddion Belgium heddiw, ac wedi mabwysiadu Belgium fel eich gwlad eich hun gan gyfoethogi ei bywyd dinesig a'i bywyd crefyddol a dyfod yn un â'i phobl?

Ond nid dyna eich hanes yng Nghymru. Buoch yn byw fel gwladfeydd ar wahân i raddau helaeth yng Nghymru. Parhasoch yn Wyddyl. Dydd Gŵyl Sant Padrig yw eich gŵyl fawr flynyddol ac nid Dydd Gŵyl Ddewi. Arosasoch yn y rhannau diwydiannol o Gymru; dieithr, i raddau helaeth, yw Cymru wledig, y rhan Gymraeg o Gymru, i chwi. Nid ydych erioed wedi mabwysiadu Cymru fel eich gwlad, ac ni cheisiodd y genedl Gymreig eich croesawu i wneuthur hynny. Cymerth arni ei bod yn eich anwybyddu.

Y rheswm pennaf am hyn yw eich bod yn Gatholig, ac y mae Cymru Gymraeg yn Anghydffurfiol Brotestannaidd. Y mae'r ysgariad hwn rhwng Catholig a Phrotestant Anghydffurfiol yn un trwyadl mewn gwlad orchfygedig fel Cymru, sy'n genedl ond heb awdurdod cenedl. Oblegid yr unig drefniant cymdeithasol a reolir yn llwyr gan Gymry yng Nghymru yw'r trefniant crefyddol. Clymir Cymry Cymraeg y cymoedd diwydiannol yn dynn wrth Gymry Cymraeg y wlad gan eu trefniadau crefyddol Anghydffurfiol. Ar y llaw arall anaml y treiddiodd y Gwyddyl Catholig a ymfudodd i Gymru i'r parthau gwledig, a thrwy bwyllgorau addysg yr awdurdodau lleol, nad oes ganddynt ryw lawer o gydymdeimlad â hwy, yn unig y deuant i'r cyffyrddiad swyddogol lleiaf ag unrhyw beth Cymreig amlwg. Parodd tyfiant diwydiannol De Cymru, a'i seisnigeiddiwch cynyddol diatal mewn meddwl ac iaith, i'r cyfangorff o'r Cymry Cymraeg a thrigolion y wlad feddwl am Gatholigion fel blodau sydd heb gyffwrdd ond ag ymyl y bywyd

Cymreig; a daeth yn bosibl i'r rhan fwyaf o'r Catholigion sydd yng Nghymru fod yn anwybodus o hanes Cymru, o'r holl draddodiad a'r gwareiddiad Cymreig, ac o'i hiaith a'i llenyddiaeth a'i sefydliadau.

Heddiw daeth cyfnod y datblygiad diwydiannol yn Ne Cymru i ben. Ni ddylem ofidio oblegid hynny. Cyfnod creulon a chyfnod o farbareiddio fu hwn i Gymru. Erys ei effeithiau anhapus gyda ni yn eu herchylltra yn awr. Ond rhaid inni sylweddoli heddiw inni gychwyn eisoes ar gyfnod newydd yn hanes Cymru.

Daeth cyfnod y trai diwydiannol ar ein gwarthaf prun bynnag a ewyllysiwn hynny ai peidio. Dechreuodd dad-ddiwydiannaeth Sir Fynwy a Sir Forgannwg eisoes. Fe ddaw'r adeg yn fuan pan na fedrwn oddef dad-ddiwydiannu yn unig. Fe'n gorfodir i'w gynllunio. Credaf y dylem wneuthur hynny yn awr, ac mai cwrs gweithredol, ac nid difrawder, a weddai orau i genedl mewn cyfyngder. O leiaf, bydd yn rhaid cael dad-ddiwydiannu graddol a threfnus. Fe ddychwel y Cymry, yn niferoedd cynyddol, i'r tir, a sefydlir trefn deuluol wledig a bywyd amaethyddol yng Nghymru.

Yn awr, ni bu yng Nghymru eto unrhyw Fudiad Tir Catholig tebyg i'r Mudiadau Tir Catholig sydd yn Lloegr. Ni allwn sôn am unrhyw 'ddychweliad i'r tir' gan Gatholigion yng Nghymru am na fu gysylltiad o gwbl rhwng y mwyafrif o boblogaeth Gatholig Cymru a thraddodiadau Cymru wledig.

Cafwyd yn Lloegr ryw *nucleus* o draddodiad gwledig Catholig ar hyd y blynyddoedd; cadwodd ambell blas gwledig y traddodiad, ac oherwydd hynny y mae dychweliad Catholig i'r tir yn bosibl yn Lloegr. Ond os daw ymgyrch i sefydlu Catholigion ar y tir yng Nghymru bydd i raddau helaeth yn ymfudiad newydd. Gwn, wrth gwrs, fod gennym esgobaeth Mynyw a bod adeiladu eglwysi newydd bob blwyddyn yma ac acw trwy Gymru. Ond prin y cyffyrddodd y tyfiant rhagorol hwn â'r boblogaeth Gymraeg frodorol, neu newydd ddechrau ei chyffwrdd y mae.

Ond os bydd cais i sefydlu Catholigion ar y tir yng Nghymru − a chredaf y bydd yn rhaid i hynny ddigwydd rywbryd gan eu bod yn rhan o boblogaeth y cymoedd diwydiannol diobaith − ymgais fydd i sefydlu gwladwyr Catholig yng Nghymru. Ac os yw'r ymgais honno i lwyddo, yna rhaid cysylltu'r mudiad â Chymru Gymraeg. Rhaid iddo fod yn Gymreig o ran iaith, meddwl a diddordeb. Rhaid iddo'i gysylltu ei hun â'r traddodiad Cymreig ac â'r diwylliant a'r gwareiddiad Cymreig.

Yr hyn yr wyf fi am ei wneud heno yw awgrymu i chwi nad yw Cymru Gymraeg a'i gwareiddiad gwledig, er iddi ymddangos mor Brotestannaidd Anghydffurfiol a gwrthwynebol i chwi, yn wlad lle dylai Catholigion deimlo'u bod yn ddieithr ac o'r tu allan. Yr wyf am eich cynorthwyo i fabwysiadu Cymru, i'w gwneud yn eiddo i chwi eich hunain. Y mae yng Nghymru rywbeth y gellwch eich cysylltu eich hunain ag ef, rhywbeth a bair i bob Catholig, pan ddaw i'w weld, deimlo bod y man y'i caffo yn lle y geill yntau hawlio cartref. Traddodiad gwledydd Cred yw hwn, y gwareiddiad a ffurfir gan y Ffydd Gristnogol.

Y mae Cymru yn rhan o wledydd Cred mewn modd sy'n arbennig iawn yn yr Ynysoedd Prydeinig. Oblegid yr oedd Cymru yn Gatholig Gristnogol hyd yn oed cyn iddi ddyfod yn Gymreig. Ymhell cyn i'r Cymry eu galw'u hunain yn Gymry yr oeddynt yn Rhufeinig a Christnogol. O'r tri math o lenyddiaeth a geir yn yr Ynysoedd Prydeinig, llenyddiaeth Gymraeg yn unig, er ei bod mor hen â llenyddiaeth Saesneg a llenyddiaeth Wyddeleg, sydd heb draddodiad llenyddol na phrydyddol paganaidd cyn-Gristnogol. Benthyciad o lenyddiaeth Wyddeleg yw'r elfen baganaidd fechan iawn a geir mewn llenyddiaeth Gymreig, sef honno a geir ym mhedair cainc y Mabinogi. Y mae'r Offeren yn hŷn yng Nghymru na dim byd a geir mewn llenyddiaeth Gymraeg.

Awgrymodd y Parch. Wade-Evans yn ddiweddar fod y gair Saesneg *Welsh* yn hanfod o hen air Saesneg a olygai Rufeiniaid. Ni wn a dderbynnir ei darddiad gan ieithyddwyr ai peidio, ond y mae'n sicr i Ddewi Sant a Gildas eu galw'u hunain yn ddinasyddion Rhufeinig, a'r genedl Gymreig yw'r unig genedl yn yr ynysoedd hyn a fu unwaith yn rhan o'r Ymerodraeth Rufeinig. Nid oes yr un cenhadwr y gellir dywedyd iddo ddyfod â'r Ffydd i Gymru, nid oedd yr un Sant Padrig, na'r un Sant Augustine na'r un Sant Columba oedd yn efengylydd i Gymru. Cristnogol oedd holl ffurfiad Cymru. Ei thraddodiad Cristnogol yw ei thraddodiad hynaf a'i thraddodiad gwreiddiol; yr oedd ein Cristnogaeth, Gatholig ac Apostolaidd, yn rhan o'n hetifeddiaeth fel dinasyddion Rhufain. Ni bu erioed baganiaeth Gymreig, a gorfu inni aros hyd ddechrau'r bedwaredd ganrif ar bymtheg am ymddangosiad yr Archdderwydd Cymreig cyntaf.

Y mae'n naturiol felly, ac ymddengys ei bod yn anocheladwy inni benderfynu, os chwiliwn holl hanes Cymru, ac ystyried ei record, mai gorchest fwyaf y wlad hon a'i gogoniant diamheuol yw ei llenyddiaeth Gatholig. Ni phetrusaf ddywedyd mai llenyddiaeth Gymraeg oedd un o'r tair llenyddiaeth fwyaf yn Ewrob yn yr Oesoedd Canol, Oesoedd Ffydd. Mi garwn wneuthur dau sylw ar y pen hwn.

Yn gyntaf, gorchestwaith Catholig, yn anad dim, yw llenyddiaeth ganoloesol Cymru. Yn wir, hyhi yw bron yr unig enghraifft gyflawn a feddwn yn Ewrob o lenyddiaeth gwbl Gristnogol. A ydych chwi'n cofio syniad Cardinal Newman am lenyddiaeth yn ei *Scope and Nature of University Education*? Fe ddywedodd Newman:

> From the nature of the case, if Literature is to be made a study of human nature, you cannot have a Christian literature. It is a contradiction in terms to attempt a sinless literature of sinful man.

Yn awr, yr oedd Newman yn meddwl am y clasuron ac am lenyddiaeth Ewropeaidd er y Dadeni. Nid oes astudiaeth drwyadl o lenyddiaeth Oesoedd Ffydd yn ei ddyddiau ef, ac yn sicr yr oedd a wnelo hyd yn oed cân fawr Dante â 'dyn pechadurus'. Ond y mae un farddoneg Ganoloesol, un athrawiaeth am gelfyddyd prydyddiaeth, nad oes a wnelo â 'dyn pechadrus'. Barddoniaeth Gymraeg o'r ddeuddegfed hyd yr unfed ganrif ar bymtheg yw'r farddoniaeth fwyaf athronyddol a gafwyd yng ngwledydd Cred. Anelai at lenyddiaeth a Duw yn nod iddi, llenyddiaeth oedd yn astudiaeth o'r Ideau Awstinaidd a chynllun dwyfol y Creawdwr yn ysblanderau Ei drefniant hierarchig, ac nid astudiaeth o natur syrthiedig dyn. Nid ymhelaethaf ar y pwynt hwn. Byddai'n rhaid wrth

10

ddehongliad maith iawn. Ond os gofynna rhywun gwestiwn Newman eto – a ydyw llenyddiaeth Gristnogol fawr yn bosibl, llenyddiaeth sydd i gyd yn fawl, llenyddiaeth a seiliwyd ar y thema 'Tydi Dduw a folwn,' gallwn heddiw gyfeirio'n orfoleddus at lenyddiaeth Ganoloesol Cymru. Y mae'n batrwm mawreddog o brydyddiaeth Gatholig.

Fy ail sylw ar y llenyddiaeth honno yw darfod ei ffurfio gan athroniaethau mawrion yr Ysgolheigion Cristnogol, ac arnynt y sefydlwyd hi. Ducpwyd Platoniaeth Gristnogol Sant Awstin, athroniaeth luniol y nawfed a'r ddeuddegfed ganrif, i Gymru, a chysylltwyd hi'n arbennig â dysgeidiaeth y Sistersiaid Cymreig, y mwyaf cenedlaethol o bob urdd oedd yng Nghymru. Ei ddysgeidiaeth ef oedd sail barddoniaeth Gymraeg. Ond yn ddiweddarach, yn y bymthegfed ganrif, canrif fwyaf llenyddiaeth Gymraeg, daeth Aristoteliaeth St Thomas Aquinas i goroni a chwblhau'r athrawiaeth brydyddol Gymreig, a gwnaeth dylanwad St Thomas Aquinas farddoniaeth Cymru yn y bymthegfed ganrif yn glasurol yn ystyr gyffredinol, boblogaidd y gair, ac yn glasurol hefyd oherwydd ei safle yn hanes llenyddiaeth Cymru. Felly y mae llenyddiaeth Gymraeg yng nghyfnod ei mawredd yn Gatholig o ran ei nod a'i natur, a hefyd o feithriniad Catholig, oblegid fe'i lluniwyd gan fudiadau mawrion Ysgolheigiaeth a chan yr athronwyr mawr Cristnogol.

Y mae hyn yn arbennig o bwysig i'm dadl i heno. Fe gynnwys llenyddiaeth cenedl ac iaith cenedl y traddodiad cenedlaethol a delfrydau'r genedl. Yn hanes y rhan fwyaf o genhedloedd modern Ewrob y cyfnod ar ôl y Dadeni neu'r cyfnod ar ôl y Diwygiad Protestannaidd yw cyfnodau clasurol eu llenyddiaeth. Ond cydnebydd pob un o'r ysgolheigion Cymraeg heddiw mai'r bymthegfed ganrif Gatholig yw cyfnod clasurol llenyddiaeth Cymru. Cystrawen y ganrif honno, ei cherdd dafod, ei ffurfiau prydyddol a'i delfrydau llenyddol yw ein safonau Cymraeg llenyddol o hyd. Y mae llenyddiaeth Gymraeg a'r meddwl Cymreig yn rhwym wrth eu traddodiadau clasurol, ysgolheigaidd a Chatholig.

Heddiw, y mae ysgolheictod Cymraeg diweddar yn dechrau deall a gwerthfawrogi ei meistri canoloesol. Rhwystrir llawer ar ysgolheigion Cymraeg o hyd gyda'r gwaith dehongli hwn gan eu diffyg ymgydnabod ag athroniaeth Gatholig ac ag arferion meddwl Catholig.

A dyna lle y geill Catholigion eto ddyfod i gynorthwyo Cymru. Gwn fod gan Gatholigion roddion mwy na hyn i'w hadfer i Gymru. Y mae ganddynt y rhodd o ffydd ac ysbrydoliaeth ac esiampl y bywyd goruwchnaturiol. Eithr y mae ganddynt hefyd roddion seciwlaraidd pwysig. Y mae'r hyn a ddywedais am lenyddiaeth yr oesoedd canol yn wir yn gyffredinol am fywyd Cymreig.

Torrwyd Cymru oddi wrth ei gorffennol er dechrau'r bedwaredd ganrif ar bymtheg. Gwahanwyd y Cymry oddi wrth ffynhonnell a tharddle pob bywyd cymdeithasol urddasol a wreiddiesid yn dda – y traddodiadau a'r etifeddiaeth o'r gorffennol a'r Ffydd a'u ffurfiodd – gan seisnigeiddiwch, diwydiannaeth, sectyddiaeth a dadfeiliad cenedlaethol cyffredinol.

Heddiw ceisiwn ni, y Cymry a wyneba ganlyniadau'r rhaniadau a'r llywodraeth a'r traddodiadau estronol a osodwyd arnom, fyned yn ôl, i ddarganfod yr unoliaeth a gollasom, i ddyfod o hyd i'r gorffennol. A dyna lle mae

11

arnom angen am help Catholigion, ysgolheictod Catholig, arferion meddwl Catholig, athroniaeth gymdeithasol Gatholig a Sagrafeniaeth Gatholig.

Bu Cymru yn Gatholig am fil o flynyddoedd. Am fil o flynyddoedd arferwyd yr iaith Gymraeg mewn gweddi feunyddiol o flaen y Sagrafen Fendigaid. Pan fabwysiado ein hysgolion Catholig yr iaith hon a'i gwneuthur yn eiddo iddynt eu hunain eto, dygant un o'r ieithoedd Catholig hynaf yn Ewrob yn ôl i'w chwrs gwreiddiol.

Hyd yn hyn soniais yn unig am y cyfnod Catholig yn hanes Cymru ac am y ceisiadau a wneir heddiw i ailddarganfod y traddodiadau ac i ddehongli'r gorchestion a berthyn i'r cyfnod hwnnw. Eithr mi garwn ychwanegu rhywbeth hefyd am y cyfnod mwy diweddar, y cyfnod Protestannaidd neu wedi'r Diwygiad Protestannaidd ym mywyd Cymru. Yn ystod y cyfnod hwn, fel y gwyddoch, bu Cymru yn rhan weinyddol o Loegr. Collodd yr annibyniaeth a feddai hyd 1536, a daeth yn fwyfwy agored i ddylanwad meddwl Seisnig a mudiadau Seisnig. Ond hanes ar wahân a hanes annibynnol yw stori'r bywyd Cymreig, y meddwl Cymreig, a llenyddiaeth Gymraeg o'r ail ganrif ar bymtheg hyd heddiw. Erys ei llenyddiaeth, er na bu mor ysblennydd ag yng nghyfnod Catholig annibyniaeth, yn bwysig a pharhaol, ac nid oes doriad yn ei stori o gwbl. Fe geidw hefyd ei thraddodiadau a'i chymeriad. Dylanwadodd y mil blynyddoedd Catholig a ddarfu oddeutu 1600 gymaint ar arferion meddwl Cymreig fel na allodd llenyddiaeth Gymraeg dorri ei mold Gatholig yn llwyr hyd yn oed yn y cyfnod modern. Er enghraifft, nid oes draddodiad o anffyddiaeth, o agnosticiaeth nac o Ddeistiaeth yn llenyddiaeth Cymru cyn yr ugeinfed ganrif. Arhosodd llenyddiaeth Gymraeg hyd 1914 yn llenyddiaeth Gymraeg gwbl Gristnogol a Thrindodaidd. Dywedir yn aml fod y llenyddiaeth hon yn rhy lawn o foesoli, ac yn rhy bregethwrol yn y ddeunawfed a'r bedwaredd ganrif ar bymtheg, ac y mae gwir yn y feirniadaeth hon.

Ond a gaf fi ddywedyd yma – fod angen am astudiaeth Gatholig o lenyddiaeth Gymraeg Brotestannaidd ac Anghydffurfiol. Drifftia Cymru yn gyflym heddiw oddi wrth ei hen angorfeydd. Dinistria addysg leygol orfodol Seisnig yr olaf o'r traddodiadau Cymreig, ac yn fuan iawn ni bydd neb yn aros i ddeall a dehongli cyfnod athrawiaethol a phregethwrol llenyddiaeth Gymraeg. A chredaf mai amddiffyniad Catholig a dehongliad Catholig yw'r unig amddiffyniad dilys gellir ei roddi drosto.

Canys ni dderbyniodd Cymru erioed olwg gwbl seciwlaraidd ar fywyd. Ni cheisiodd gynhyrchu llenyddiaeth seciwlaraidd noeth. Dyma lle y gwelaf ei ffurfiad Catholig yn argraffedig ar ei holl hanes. Ond ysbeiliwyd y bywyd Cymreig a llenyddiaeth Gymraeg o Sagrafennau Cristnogaeth Gatholig o ail hanner yr unfed ganrif ar bymtheg hyd heddiw.

Yr olwg sagrafennaidd hon ar fywyd a barodd fod barddoniaeth Gymraeg yr Oesoedd Canol, er mai Duw oedd ei nod, eto'n cofleidio holl lawenydd pethau daearol, cig a gwin a difyrrwch cymdeithasol ac ardderchowgrwydd chwerthin. Diflanna'r pethau hyn o lenyddiaeth Gymraeg dan ddylanwad Piwritaniaeth. Ac yn eu gwrthryfel yn erbyn Piwritaniaeth, try beirniaid Cymreig heddiw oddi wrth sgrifenwyr Cymraeg y ddeunawfed a'r bedwaredd ganrif ar bymtheg yn ddiamynedd.

Ond geill critig Catholig archwilio'r llenyddiaeth Biwritannaidd hon gyda mwy o oddefgarwch a chydymdeimlad a dealltwriaeth. Gwêl hyd yn oed yn llenyddiaeth orfoesol ddi-liw y canrifoedd Piwritannaidd ryw deyrngarwch prydferth. Teyrngarwch i Gristnogaeth ydoedd, eithr i Gristnogaeth a ysbeiliwyd o'i Sacramentau, ac oblegid hynny, Cristnogaeth na fedr werthfawrogi'n iawn, mewn ffordd Gristnogol, fwyd a diod a chyfathrach gymdeithasol a phob peth materol. Tystiolaetha'r llenyddiaeth Biwritannaidd hon i seiliau Catholig gwareiddiad Cymreig.

Lle'r anghofiodd llenyddiaeth fodern gwledydd eraill draddodiadau Oesoedd Ffydd yn llwyr, a dyfod yn gwbl anghrefyddol, yn gwbl seciwlaraidd, ac yn fodlon ar safon fydol o werthoedd yn unig, erys llenyddiaeth Gymraeg yn forbid ac yn odidog-gysylltiedig ag athroniaeth wrthseciwlaraidd wrthddyneiddiol, ac y mae'n forbid am na fedd y sagrafeniaeth a'i rhyddhâi ac a'i galluogai i fwynhau'r greadigaeth faterol. Ac ategir y syniad hwn gan astudiaeth o'r mwyaf o feirdd modern Cymru.

Ni ellir amau nad Williams Pantycelyn, un o sefydlwyr Methodistiaeth Galfinaidd Cymru yn y ddeunawfed ganrif, yw'r ffigur mwyaf yn llenyddiaeth Cymru ar ôl y Diwygiad Protestannaidd. Ond hanes un a ddechreuodd ei fywyd crefyddol mewn arallfydolrwydd Piwritannaidd o'r llymaf, ac a dyfod yn fwy trwyadl Gristionogol o hyd, a therfynu gyda syniad am fywyd oedd yn hanfodol sagrafennaidd ac arwrol, yw hanes datblygiad Pantycelyn. Credaf fod Pantycelyn, er cymaint o wrth-Babydd ydoedd, ac er iddo ddal yn wrth-Babyddol hyd y diwedd, yn fardd Ewropeaidd gwir fawr oedd yn perthyn yn wirioneddol (a defnyddio gair technegol mewn diwinyddiaeth) i enaid yr Eglwys Gatholig.

A therfynaf lle y cychwynnais. Gwelaf ôl ei ffurfiad Catholig ar holl hanes a diwylliant Cymru. Nid yw Cymru yn wlad lle y dylai Catholigion deimlo'n ddieithr ac anghysurus. Ac ni wnaf namyn un apêl: sef am i'r Catholigion yng Nghymru, a weddïa dros Gymru a'i thröedigaeth, helpu'r wlad hon i ailfeddiannu ei thraddodiadau a'i helpu i ailsefydlu ei hiaith a'i bywyd teuluol fel y buont cynt. Boed i Frenhines y Nefoedd, nad oes yn yr iaith Gymraeg sillaf dlysach na'i henw, fendithio a gwarchod ei gwlad.

Catholiciaeth a Chymru, 1934

ADDYSG GREFYDDOL

Y MAE Mr Roderick yn gofyn yn ei lythyr: 'A ydyw Mr Saunders Lewis am gynrychioli barn y mwyafrif mawr o'r etholwyr ar y pwnc hwn (sef addysg grefyddol ac ysgolion eglwysig) ynteu am ddilyn polisi Eglwys Rufain?'

A gaf i glirio un pwynt o'r ffordd ar unwaith. Ni wn i beth yw barn y mwyafrif mawr o'r etholwyr ar y pwnc hwn. Nid fy ngwaith i ychwaith yw ceisio darganfod hynny er mwyn ei ddilyn. Ni byddai gennyf ond dirmyg tuag at ymgeisydd a wnâi hynny. Haeddwn innau ddirmyg pob etholwr pes gwnawn. Ar y pwnc hwn fel ar bob pwnc arall yr wyf yn llwyr fwriadu dilyn yn unig yr hyn y mae fy nghydwybod i fy hunan yn ei farnu'n iawn. Egluraf hynny i'r etholwyr; rhoddaf iddynt y rhesymau a barodd imi farnu'r ffordd a gymerais yn iawn, a bodlonaf ar dderbyn eu dedfryd hwy yn yr ethol. Ond ni newidiaf fy nghredo, nid ystwythaf fy nghydwybod, ie pe gallwn drwy hynny ennill pob pleidlais sydd yn y Brifysgol.

Yn yr un rhifyn o'r *Faner* ceir adroddiad am Bwyllgor Staffio Awdurdod Addysg Brycheiniog yn pasio penderfyniad:

> Bod y safle ynglŷn ag addysg grefyddol yng Nghymru yn un arbennig, ac felly y dylai'r Cymry gael setlo'r broblem eu hunain.
> Gofynnir hefyd am gynnull cynhadledd o awdurdodau addysg a chynrychiolwyr holl gyrff Cristnogol Cymru i lunio polisi ar gyfer Cymru.

Yn awr y mae'r penderfyniad hwn yn union gyson â'm daliadau i fy hunan, a dyna'r polisi a gymhellwn. Credaf:

(1) Bod gan Gymru hawl i setlo'r broblem hon ei hunan ac y dylai hi gymryd y cyfrifoldeb.

(2) Mai'r drefn iawn yw i arweinwyr yr holl gyrff Cristnogol Cymreig gyfarfod â'i gilydd gyntaf a chytuno ar egwyddorion ac ar bolisi. Wedi hynny dylent gyfarfod â'r awdurdodau addysg Cymreig a rhoi holl ddeall ac ewyllys da Cymru i lunio mesur mor deg a boddhaol i bawb o bob credo ag ydyw Deddf Addysg 1918 Sgotland i holl awdurdodau addysg a holl gyrff Cristnogol Sgotland. Yr hyn a lwyddodd Sgotland Brotestannaidd ni chredaf na fedr Cymru Brotestannaidd hefyd ei lwyddo.

(3) Credaf yn olaf fod rhaid cytuno ar un egwyddor sylfaenol: sef hawl rhieni o unrhyw eglwys er lleied lleiafrif y bônt, i gynnal eu hysgolion eu hunain a llunio holl fywyd yr ysgol yn unol â'u cred grefyddol hwy. Os ydym yn gwadu ac yn gwrthod yr hawl yma, yna yr ydym eisoes wedi ymroi yn llwyr i Hitleriaeth ormesol ac wedi cyhoeddi mai'r Wladwriaeth piau'r plant. Yr wyf yn sicr fod holl ysbryd Cymru yn gwrthod hynny. A da gennyf gofio mai'r Parchedig Dyfnallt Owen a eiliodd y penderfyniad a basiwyd yn unfrydol yng nghynhadledd ddiwethaf Undeb Cymru Fydd:

> Y mae'r Gynhadledd hon yn datgan mai'r rhieni ac nid y wladwriaeth sy'n bennaf cyfrifol am addysg a magwraeth eu plant.

14

Dyna hanfod rhyddid. Ymladdaf tra fyddwyf tros hynny. Ond yn Neddf 1918 Sgotland cafwyd ffordd i sicrhau'r rhyddid hwnnw ac eto fodloni Protestaniaid a Chatholigiaid Sgotland yn llawn. Ni chredaf fod Cymru ar ôl i Sgotland mewn cariad na doethineb Cristnogol.

Y Faner, 13 Ionawr 1943

GOFYNNODD y Prior a awn i gydag ef i'r Carmel yn Nolgellau i wasanaeth dilladu lleian. Adeg yr eira mawr oedd hi. Yr oedd ffordd Corris wedi ei chau a bu'n rhaid mynd drwy Dywyn ac ar hyd glan y môr. Nid oedd hi'n bwrw bellach ond lluchiai'r gwynt yr eira yn erbyn ffenestri'r car, ac ar rannau o'r ffordd safai'r eira'n fur cyfuwch â'r modur ar y ddwy ochr a chulffordd wedi ei thorri drwyddo. Bore dreng i gladdu merch ifanc fyw.

Holais y Prior am y tŷ a bywyd merched Carmel. Cil haul o dŷ dan gysgod mynydd, ebr yntau; buasai ef yno unwaith yn un o gyfarfodydd busnes yr urdd a gwahoddwyd ef i aros cinio. Gwnaed ymdrech i ddarpar gwledd iddo a chafodd de a phlatiad prin o frechdanau a sgadenyn sych. Teimlais innau wrth wrando mai mynd i angladd yr oeddem, a cheisiais ddychmygu'r olwg anghyffwrdd a deol a fyddai ar y ferch oedd yn awr ar fedr ffarwelio â'r byd.

Daethom felly at y tŷ a chlywsom chwerthin mwyn a naturiol. Agorwyd y llidiart a dacw hi, yn ei gwisg briodas, fel lili dal, yn lluniaidd ifanc o'i hesgidiau bychain arian hyd at y goron oedd am ei gwallt du. O'i chwmpas yr oedd ei thad a'i theulu a'i chyfeillion o Fanceinion, a ddaethai'n wahoddedigion i'r gwasanaeth. Yr oedd eu miri'n syml a thawel. Disgleiriai hithau fel y gannwyll ar fore Sul y Pasg. Cyfarchwyd hi fel y cyferchir y briodferch.

Aethom i mewn i'r capel llwm. Cynulleidfa fechan oeddem ni, dyrnaid o gyfeillion, ond yr oedd y seremoni hon yn ein cysylltu ag Elïas y Thesbiad a mynydd Carmel, a daethai yno'r holl offeiriaid oedd o fewn cyrraedd, ac un o Fanceinion, ac ni chollwyd dim o urddas y ddefod. Rhoddwyd i'r briodferch ystôl weddïo a chadair o flaen y gangell. Daliai gannwyll olau yn ei llaw. Ni allem weld y lleianod. Yr oedd eu capel hwy yn y transept ar ochr chwith y gangell, a rhwyllwaith haearn rhyngddynt a chapel y lleygwyr; urdd gaeëdig yw urdd Carmel.

Gofynnwyd i'r briodferch y cwestiwn ffurfiol: pa beth a fynni di yma? 'Trugaredd Duw a'm gwisgo â mantell ein Harglwyddes o Fynydd Carmel.' Yna eisteddodd ei hoffeiriad plwyf a disgrifiodd iddi'r bywyd a ddewisasai hi, bywyd y rhoesai hi eisoes brawf arno ac y dymunai hi'n awr roi ei hoes iddo. Ni chofiaf ond darn o'i bregeth, sef y darlun a dynnodd ef o drefn feunyddiol, ddi-dor y bywyd: 'Bydd pob awr wedi ei phennu i chwi, yr awr i godi, yr awr i orwedd, awr i fwyta, oriau gwaith, oriau'r gwasanaethau, oriau myfyrio, oriau distawrwydd. Ni wnewch ddim oll yn ôl eich dewis eich hun, ond bydd pob munud o bob dydd wedi ei drefnu i chwi. Yr ydych wedi rhoddi prawf ar y bywyd hwn, ac yr ydych yn ei ddewis. Yr ydych yn ei ddewis er mwyn bod yn rhydd, yn rhydd i weddïo'n ddi-baid ac i fyw yng nghymundeb y Priodfab.'

Drama mewn tair act oedd y gwasanaeth dilladu. Aethom allan o'r capel yn ôl i'r buarth. Safasom yn gylch o flaen y porth uchel o goed oedd rhwng buarth y capel a gardd y tŷ, y porth a roddai fynedfa i mewn i'r cwfaint. Safodd y briodferch yn y canol, ei thad wrth ei hymyl, a'i theulu o'u cwmpas hwy, a'r gweddill ohonom y tu ôl iddynt. Clywsom ddadfachu y tu ôl i'r porth a throi'r clo. Taflwyd y drws yn agored led y pen. Rhoes yr olygfa imi ias o arswyd. Yn erbyn y cefndir o eira safai tylwyth y cwfaint, chwech o leianod, wedi eu gorchuddio o'u pen i'w traed gan fentyll duon a mygydau ar eu hwynebau, fel na welem nac wyneb na throed na dim ond amlinell ddu pob merch. Yn eu canol daliai un ohonynt ddelw'r grog, sef llun pren o Grist ar y groes, yn uchel uwch ei phen; daliai'r ddelw megis petai gleddyf neu fwyall rhyfel. O flaen hon taenwyd sach ar y llawr. Daeth yr awr i'r briodferch ffarwelio â'r byd a chroesi'r hiniog at y drychiolaethau hyn. Mor sydyn ag y troesai'r angladd yn briodas yn yr act gyntaf, felly'n awr fe droed y briodas yn weledigaeth bwganod ar lan bedd.

Gŵr gweddw oedd y tad, ac fe wylodd; wylo'n syml heb godi na llaw na chadach at ei lygaid, ac edrych ar ei ferch. Troes hithau ei chefn at deulu du'r cwfaint, rhoes ei dwy law ar ddwy ysgwydd ei thad ac edrychodd yn ei lygaid. Safwn i y tu ôl iddynt. Ni welodd hi neb ond ei thad. Bûm yn meddwl na fedrwn i fyth ddisgrifio'i llygaid hi yn edrych ar wyneb ei thad, ac mai ofer gan hynny fyddai ceisio sgrifennu'r ysgrif hon, canys yr edrychiad hwn a roes hi arno oedd trobwynt y ddrama oll.

Ni bu air rhyngddynt. Daliai hi ef megis pes daliai gerbron y Seraffim. Gwelais gariad a dewrder a ffydd yn treiddio o'i llygaid hi i'w lygaid ef. Gorchfygodd ei golygon y drychiolaethau oedd o'n blaen. Dywedodd eu pelydriad: 'Nid marwolaeth yw hyn a welwch, ond bywyd rhy ddwys, rhy lachar i'w ddangos ond i'r rhai a alwyd. Er mwyn cadw'r lleill draw, er mwyn eu harbed, yr ymrithir mor ddychrynllyd yma. Nac ofnwch amdanaf i. Y mae'r Priodfab acw ac y mae'n galw.'

Cusanodd hi ei thad ar ei ddeurudd a gollyngodd ef. Cusanodd ei theulu'n frysiog o un i un. Wedyn troes. Wynebodd y rhai duon. Cymerodd ddau gam ymlaen, ac yna, bron gyda naid, yn ei gwisg briodas hardd, ymdaflodd ar ei hyd, wyneb i waered, ar y sach o flaen y lleian a ddaliai'r grog. Megis cleddyf, megis tynged, disgynnodd y grog drosti a chuddiodd hi. Caewyd y drws.

Dychwelasom i'r capel, ond ni welsom ddim o drydedd ran y gwasanaeth. Cafodd y tad gweddw sefyll yn y gangell a gweld y cwbl. Clywed yn unig a gafodd y gweddill ohonom, clywed bendithio a chysegru'r fodrwy a'r fantell a phob rhan simbolig o wisg yr urdd. Wedi darfod y gwasanaeth a rhoi'r fendith derfynol gwahoddwyd fi i fynd gyda'r Prior i barlwr y Briores i'w chyfarfod hi a'r briodferch. Yr oedd yr ystafell yn ddwy ran a ffrâm o rwyllwaith haearn agored rhyngddynt, fel y gallai'r mynachesau a ninnau weld ein gilydd megis mewn ffrâm hen ddarlun ac ymddiddan. Clywswn fod y Briores o deulu cyfoethog yn Awstralia ac iddi ddisgleirio unwaith ym mywyd cymdeithasol y brifddinas Sbaenaidd bwysicaf yn Neau'r Amerig. Ond yr unig olwg a gawswn arni hyd yn hyn oedd ei gweld yn codi'r grog dan ei hugan goruwch yr eira ym mhorth y fynachlog hon. Pa fath lymder fyddai yn ei hwyneb? Daeth i'n cyfarfod a'r lleian newydd gyda hi; a'r olwg arni fel iarlles yn cyflwyno *débutante* y flwyddyn i lys brenin. A'r ferch a welsom ddiwethaf ar ei hyd ar sach dan grog, tywynnai hi'n awr fel gardd gaeëdig: mor deg yw dy gariad, fy chwaer. Penliniasom, dri ohonom, tra bendithiodd y Prior nyni, a gofynnodd ef i'r lleian newydd,

17

'Dymunaf arnoch weddïo'n arbennig dros Gymru; dyna briod waith y Carmel yn Nolgellau.'

Efallai mai gwisg anghyffredin y Prior a barodd i ddwy Saesnes liwus yn y gwesty y cawsom de ynddo anturio ei holi am y gwasanaeth. 'Ond y Duw mawr,' ebr un, a gast Bomeranaidd o'r enw Darling yn eistedd ar ei glin sidan ac yn estyn ei thafod bob eilwers â hi i lyfu wyneb y glasiad cwrw oedd rhwng ei bysedd perlog, 'meddyliwch fod merch ifanc yn ei chladdu ei hun yn fyw fel yna. Mae'r peth yn groes i natur. Rhaid wrth ryddid i fyw. Paid, Darling.'

Ceisiodd y Prior ddadlau'r peth ar ei thir hi ei hun: 'Mae pawb yn ymwadu â rhywfaint o ryddid. Yr ydych chwi'n briod. Bydd rhaid i chwithau roi rhan o'ch rhyddid i'ch plant.'

'Plant! Y nefoedd annwyl! Beth ych chwi'n meddwl fy mod i? Merch o'r oes hon wyf i ac y mae gennyf fy mywyd fy hun i'w fyw. Na, nid wyf i'n bwriadu cael plant, 'ydw'i Darling? Amser da a bywyd llawn heb ddim i atal fy rhyddid, dyna fy nod i.'

Codasom i fynd. Cododd ei chydymaith hithau gan ddweud: 'Onid gwell fyddai inni fynd am dro, Mabel, cyn cinio?'

'Ewch chwi, *dearie;* rhaid i mi aros yma. Fe dorrai Darling ei chalon ped awn i allan hebddi. Ni all hi fynd heno oblegid newydd gael siampŵ y mae hi. A'r tro diwethaf yr eis i allan hebddi fe bwdodd am deirawr a chymerai hi ddim hyd yn oed dda-da o'm gwefus i.'

Yr Efrydydd, Gaeaf 1943-4

MYFYRDOD AR DDYRCHAFAEL MAIR FORWYN

GWRANDO neithiwr ar ddarlledu detholiad o gerddi a charolau Nadolig. Sylwodd y cyflwynydd eu bod yn brin. Awgrymodd mai'r esboniad yw bod dathlu'r geni yn rhoi lle rhy amlwg i'r Fam, Mam yr Arglwydd, a bod beirdd Protestannaidd Cymru yn ymgroesi rhag hynny. Awgrym trist.

Meddwl wedyn am y protestio brwd a fu yng Nghymru fis Tachwedd yn erbyn cyhoeddi dyrchafael corff Mair i'r Nef yn ddogma gan y Pab. Synnwyd fi gan ddau beth: yn gyntaf, fod y papurau enwadol Cymraeg oll yn barnu fod hyn yn ddysgeidiaeth newydd; yn ail, mai'r feirniadaeth gyffredin gan y golygyddion oedd fod y cyhoeddiad yn arwydd, neu'n brawf, o gynnydd ofergoeledd. 'Hyn yn 1950!' ebr un golygydd. Rhyfeddach, efallai, na'r ddau beth hynny oedd fod cynifer o'r golygyddion yn condemnio'n hallt heb wybod o gwbl beth oedd y ddysgeidiaeth. Bu Mair, Fam yr Arglwydd, farw o farwolaeth naturiol. Claddwyd ei chorff ond ni phrofodd lygredigaeth. Cymerth yr Arglwydd Iesu Grist ei chorff hi a'i ddyrchafael i'r nef i'w uno â'i henaid hi. Neu, megis y dywedodd y bardd Bleddyn Ddu yn ei awdl sydd yn Llyfr Coch Hergest:

> O'r byd pan aeth,
> Mawr ddewiniaeth,
> Mair ddiwenydd,
> Daeth nifer cain
> I gael arwain
> Ei gelorwydd, –
> Duw a'i deulu
> I gyflëu
> Yn gyfluydd
> Corff bendigaid
> A hy enaid
> Mair huenydd.

Nid wyf i ddiwinydd yn y byd; plentynnaidd yw fy ngwybodaeth o ddiwinyddiaeth. Nid af ati felly i geisio dangos iawnder y ddysg hon am ein Harglwyddes ni. Ond y mae ceisio deall meddwl Cymry Cristnogol gwrth-Gatholig yn ddigon priodol imi; ac i fesur yn fuddiol. Pan glywaf gyhoeddi'r ddysg hon yn ofergoeledd, yna mi dybiaf fod dau bwynt yn codi.

A ydyw'r Cymry Cristnogol heddiw yn derbyn Credo'r Apostolion? Os nad ydynt, paham y galwant hwy eu hunain yn Gristnogion? Dywedir yng Nghredo'r Apostolion am Ail Berson y Drindod sy'n Un Duw 'iddo atgyfodi'r trydydd dydd oddi wrth y meirw, iddo esgyn i'r Nefoedd' – yn ei gorff o gnawd. Ai ofergoel yw hynny?

Yn awr, bid gam, bid gymwys, bid ofergoel, bid wir, y gred Gristnogol er y dydd y disgynnodd yr Ysbryd Glân ar yr Apostolion yng Nghaersalem hyd at heddiw yw bod yr hyn a ddigwyddodd i gorff yr Arglwydd Iesu yn ei Esgyniad i ddigwydd hefyd i gorff pob un dyn er dechrau'r byd a achubir drwy ei farwolaeth ef. Ac i un corff, sef corff dihalog y Forwyn honno y ffurfiwyd corff Duw ei hun yn ei chroth hi, y mae'r dyrchafiad hwnnw, a ddaw i bob un a achubir, eisoes wedi

19

digwydd. Nid yw ei llwch hi yn y ddaear. Y mae darn o'r mater a greodd Duw eisoes wedi ei nefoli. Dyna'n gwarant ni y nefolir y lleill a gredo iddo. Y mae'r gadwyn aur yn clymu'n cyrff ninnau wrth gorff Mair, ac er i'n llwch ni ddyfod – chwedl Hamlet – i gau'r twll ar gasgen gwrw, eto fe'i cesglir oll ar wedd a delw corff Duw ei hun a chorff ei Fam ef yn y gogoniant terfynol. Mae'r Ffydd Gristnogol yn beth rhyfedd ac ofnadwy, a'i gobaith y tu hwnt i reswm a dychymyg dynol. Y mae'n fwy goruwchnaturiol nag y gallwn ni ei amgyffred. Ac fe geir rhyw ddynionach bach hanner pan fel fi i'w alw yn 'ofergoel!' 'A hynny yn 1950!' Pe byddent Gomwnyddion neu anffyddwyr, ni chwynwn ddim. Ond gweinidogion a phregethwyr a golygyddion papurau enwadol!

Druain ohonom ni, Gymry. Mor llom yw ein cymdeithas. Nid oes gennym foes nac atgofion teulu dynol neu genedl. Nid oes gennym foes na thraddodiadau teulu dwyfol neu eglwys. I ni, ofergoel neu waeth, eilunaddoliaeth, yw'r parch a delir gan ganrifoedd o genedlaethau Cred i'r forwyn yr ydys yn cofio ei hesgor y Nadolig hwn. Yr ydym wedi colli meddwl y teulu amdani. A'r canlyniad yw mai go brin ac yn ansicr y daliwn ni argyhoeddiad y teulu hyd yn oed am y Plentyn a roes hi i'r byd. Nid ydym yn sefyll ar ein traed gyda'r teulu cyffredinol i ddatgan ein sicrwydd ei fod ef yn:

> Filium Dei unigenitum, et ex Patre natum ante omnia saecula. Deum de Deo; Lumen de Lumine; Deum verum de Deo vero . . . (Uniganedig Fab Duw, wedi ei eni o'r Tad cyn yr holl oesoedd. Duw o Dduw; Llewych o lewych; gwir Dduw o wir Dduw . . .)

Fe welwn haneswyr a diwinyddion Cymreig heddiw yn ofni'r enwau hyn, yn tybio'u bod yn heresi, ac yn condemnio Williams Pantycelyn am sôn am waed Duw a chroes Duw, ac yn arswydo rhag sôn am Fam Duw. Yr ydym wedi colli traddodiad y teulu, traddodiad Antioch a Nicea, megis y tystiodd Joshua Thomas yn ei *Hanes y Bedyddwyr* yn 1778:

> Yr oedd llawer o hen chwedlau pabaidd ymhlith yr hen bobl. Yr wyf i'n cofio'n ddigon da y geiriau canlynol a'u cyffelyb: Croes Duw, Duw a Mair, etc.

Ie, ymhlith yr hen chwedlau pabaidd a gollasom y mae Credo'r Apostolion a Chredo Nicea. A phan ddathlwn ni'r Nadolig, nid y Teulu Santaidd a welwn ni, eithr geni sylfaenydd y *Welfare State* a rhagflaenydd Mr Aneurin Bevan – 'gwir Dduw o wir Dduw'. Y mae'r gred yn nyrchafiad corff Mair i'w uno â'i henaid hi yn ofergoel ac yn gabledd gennym am y rheswm syml nad ydym ni ddim o ddifrif, o wir argyhoeddiad deallol, yn credu yn ymgnawdoliad Duw. Nid cig ac esgyrn Duw a faethwyd yn ei chroth hi, gan ei gwaed hi, nid Duw a sugnodd ei bronnau hi – na, na, na, pe credem hynny, byddai gennym arswyd awgrymu i'r cyfryw gorff brofi dial pechod, yr ymlygru, yr ysu gan bryfed, crechwen y baw ar ludw cysegr Duwdod. Ond na, nid yw'r Ymgnawdoliad namyn chwedl babaidd gan hen bobl. I ni, yr hyn sy'n wir yw Santa Claus y siopau cadwyn a gwinoedd anfeddwol y botel bop a'r bregeth radio ar frawdoliaeth y byd.

'Ni all neb weled Duw a byw.' 'A'm gwelodd i, a welodd y Tad hefyd.' Croes-ddywediadau arswydus y Ffydd. Mae'r cyntaf yn haws ei gredu na'r ail. Paradocs y preseb: 'Duw a'i deulu'. Wrth gwrs, yn llinell Bleddyn Ddu, ystyr 'Duw a'i

20

deulu' yw'r hen ystyr, sef Duw a'i osgordd o Angylion. Ond yn y Nadolig dathlu'r ydym ddyfod Duw i mewn i deulu, i undod gwaed, y ddynoliaeth; bu dyn sy'n Dduw. Ac o'r herwydd fe fydd, ac eisoes y mae, pridd daear yn nefoedd Duw, y tu allan i le ac amser. Yr wyf innau'n sgrifennu'r brawddegau hyn reit dawel rhwng dau fygyn o dobaco Edgeworth: pe bawn i'n deall yr hyn a sgrifennaf fe chwythid pob gronyn o'm cyfansoddiad y tu draw i gyrraedd mwg bom atom. Mae'r Nadolig y tu hwnt i bob rheswm dynol. Dyna'r pam na fedrwn ni yn yr oes hon ond ei fychanu, ei wacáu, ei dynnu i'r llawr yn stori dlos sentimental; y mae'n greddf ni'n iawn hefyd wrth inni fynnu tynnu corff Mair allan o'r nefoedd. Canys wrth wneud hynny yr ydym yn tynnu'r Duw allan o'r Baban, ac wedyn bydd rhyw fath o *agreed syllabus* yn ddigon o addysg grefyddol i babydd ac undodwr: hanes a daearyddiaeth Palestina; *folklore* Bethlehem; cyfraniad yr Iddewon i ddiwylliant y Gorllewin; dyneiddiaeth fodern.

Pam felly y dewisodd y Pab union ganolbwynt yr ugeinfed ganrif i gyhoeddi dogma gogoneddiad terfynol Mam Crist? Ymdrech rhwng dwy fateroliaeth yw argyfwng y ganrif hon. Nefoedd faterol i ddyn ar y ddaear a addewir gan Hollywood a Mosco, ac ag arfau materol y penderfynir y frwydr. Yn holl hanes y byd ni chodwyd materoliaeth erioed o'r blaen yn ddelfryd, yn grefydd, yn wrthrych addoliad y ddynoliaeth, mor hy ag y gwneir hynny heddiw. Cynigir diwydiannaeth i gyfandir yr Affrig ac i gyfandir Asia megis Mesiah. Addysg 'dechnegol', dysgu meistroli gêr a phwerau mater, yw dyneiddiaeth yr ugeinfed ganrif yn Rwsia ac yng Nghymru. Mynnwn geisio tynnu i'r llawr fforestydd mil-flynyddol yr Affrig, templau allorau derwyddon y negro, i borthi ffatrïoedd margarîn. Peth 'at iws' ein chwantau ni yw pob darn o'r cread materol bellach; diflannodd cysegredigrwydd y cnawd, ac yn ffatrïoedd Dachau profwyd y gellir troi crwyn dynion yn ddefnyddiau plastig i fod yn gloriau ar lyfrau ac yn femrwn ar lampau trydan. Peth 'at iws' dynion, a hynny'n unig, yw holl ddefnydd, holl fater, y bydysawd. Y mae edrych, edrych ac addoli, edrych heb ddymuno dim – y profiad a'r egni esthetig sy'n hanfod crefydd ac yn bennaf amcan bodolaeth creadur rhesymol – y mae hynny bron wedi ei golli oddi ar y ddaear. Aeth yn angof santeiddrwydd mater a'r cnawd.

Ac felly, tra bo peirianwyr Mosco a Washington a Llundain yn cloddio yn annwfn Siberia ac Alasca a Meirionnydd am wraniwm i'r bom atom—ym mherfedd trobwll nos yr ugeinfed ganrif—ar funud arswyd a histeria gwylltaf y ddynoliaeth—wele Ben-esgob teulu Duw ar y ddaear yn galw ar ddynion i edrych, i edrych tu hwnt i'r sêr eithaf, i edrych tu draw i amser a lle, i edrych ar gorff, corff megis y cyrff a aeth yn ulw yn Hiroshima, yno'n ddihalog a difrycheulyd, yno gyda'r Mab, yno gydag ysbrydion disgwylgar y Saint, yno yn y Diogelwch yn rhagflaenydd ac yn addewid—'Paham yr ydych yn ofnus, O chwi o ychydig ffydd . . . Oni wyddoch chwi mai temlau yr Ysbryd Glân yw eich cyrff chwi?' Dyna neges 1950 yn argyfwng y byd. Mae peth gwerth mewn Pab: pan fo'r gwyddonwyr yn cyhoeddi i'r Pleiades 'Nyni piau tynged mater,' fe etyb llais Rufain, 'Priododd Duw â'r pridd.'

* * * * *

21

Yn *Y Faner*, Ionawr 3, 1951, sgrifennais i erthygl ar Ddyrchafael Mair a diffiniad y Pab. Bu'r ysgrif yn wrthrych peth beirniadu yn y papurau enwadol. Haerodd golygydd *Y Goleuad* fod yr erthygl yn hereticaidd. Dyfynnaf o'i feirniadaeth ef, Ionawr 17:

> Wrth sôn am gorff yr Arglwydd Iesu defnyddia ef ymadroddion fel hyn, 'corff Duw ei hun . . . cig ac esgyrn Duw a faethwyd yn ei chroth hi . . . Duw a sugnodd ei bronnau hi.' Dywaid hefyd, 'a bu dyn sy'n Dduw.' Y mae pob un o'r ymadroddion yna, ac eraill y gellid ychwanegu atynt o'r ysgrif yn hereticaidd . . . yn gwadu gwir ddyndod ein Gwaredwr.

Yn awr, gyda phob parch, mi anturiaf ddweud nad yw'r ymadroddion uchod yn hereticaidd o gwbl oll ac nad oedd dim yn fy erthygl i 'yn gwadu gwir ddyndod ein Gwaredwr'. Nid oeddwn i'n dweud dim nas dywedwyd filwaith gan athrawon yr Eglwys Gatholig, a hynny ers mil a hanner o flynyddoedd. Nid am hynny y dadleuaf yn awr. Yr hyn sy'n haeddu sylw, mi dybiaf, yw'r ffaith fod dadl ynghylch dyrchafael Mair wedi troi ar unwaith yn ddadl ynghylch Person Crist. Da iawn y dywed Dr John Owen yn *Y Goleuad*, Ebrill 18, wrth drafod yr un pwnc:

> Y mae'n hysbys mai Cyngor terfysglyd oedd Cyngor Effesus, lle y diffiniwyd safle Mair ac y datganwyd bod yn briodol ei galw'n Fam Duw. Gwelir fel y mae'r athrawiaethau'n dibynnu ar ei gilydd. *Cyn y gellir credu yn Nyrchafiad Mair y mae'n rhaid credu ddarfod i Dduw ymgnawdoli yn Iesu Grist.* 'Mawr yw dirgelwch duwioldeb: Duw a ymddangosodd yn y cnawd.'

Dyna osod y safbwynt Catholig yn gwbl deg. Wrth ddwyn i gof Gyngor Effesus dywaid Dr John Owen hefyd:

> Datganodd yr Eglwys fod Mair yn Fam Duw, oblegid y mae pob mam yn fam i berson, ac oherwydd hynny datganwyd fod Mair yn fam i'r Person hwn sydd yn wir Dduw. Y mae hi gan hynny mewn gwirionedd yn Fam Duw. Beth, atolwg, yw barn darllenwyr *Y Goleuad* am y priodoldeb o alw Mair ar yr enw rhyfedd Mam Duw?

Darllenwyr *Y Goleuad* yw corff y Methodistiaid Calfinaidd, etifeddion Daniel Rowland a Phantycelyn a Thomas Charles a Thomas Jones ac Ann Griffiths. Yr hyn y dymunwn i ei dystio yw ein bod yn gwybod eu safiad hwynt. Mae gennym eu gwaith a llythyr Pantycelyn at Thomas Charles yn 1791 ac y mae gennym *Gyffes Ffydd* 1823. Un o gampweithiau pennaf rhyddiaith Gymraeg yn y bedwaredd ganrif ar bymtheg yw'r *Cyffes Ffydd*, rhyddiaith fel miwsig organ yn datgan mawrion erthyglau cred y corff Cymreig a roes inni feistri mwyaf ein llenyddiaeth am gyfnod o ganrif a hanner. Trown at erthygl XV 'Am Berson Crist y Cyfryngwr'; ni newidiaf ddim oll ond yr orgraff:

> Yng nghyflawnder yr amser, tragwyddol genedledig a phriodol Fab Duw, Person anfeidrol yn y Duwdod, gogyfuwch â'r Tad, gwir lun ei Berson ef, gwir Dduw, a gymerodd natur dyn, gwir ddynoliaeth, gyflawn, ym mru y wyryf, yn santaidd, heb ei lwgr. Ordeiniwyd corff iddo gan y Tad; ffurfiwyd ei gorff gan yr Ysbryd Glân, o sylwedd y forwyn, heb un math o halogrwydd, yr hwn gorff a gymerodd efe i undeb â'i Berson ei hun; felly y mae Person Dwyfol a natur ddynol wedi eu huno yn anwahanol

yn yr un Cyfryngwr; heb newid natur y Person Dwyfol, na'r ddynoliaeth, na'u cymysgu chwaith: ond y mae y Person anfeidrol, Crist Iesu, yn wir Dduw ac yn wir ddyn; eto un Cyfryngwr rhwng Duw a dynion, Emmanuel. Yr oedd yn angenrheidiol i'r Cyfryngwr fod yn Dduw-ddyn; oblegid yr oedd yn rhaid i'r Mechnïydd fyned dan y ddeddf yn ein lle ni, ufuddhau yn berffaith, a dioddef ei melltith, a marw dros y rhai yr oedd efe yn eu cynrychioli, yr hyn ni allasai ei wneuthur heb fod yn ddyn. Yr oedd yn rhaid bod rhinwedd a gwerth anfeidrol yn ei ufudd-dod, ei ddioddefiadau a'i angau, yr hyn ni allasai fod heb iddo fod yn Dduw. Ond gan ei fod yn Dduw-ddyn, mawrhaodd y gyfraith, bodlonodd gyfiawnder, anrhydeddodd holl briodoliaethau Duw a'i lywodraeth; gwnaeth gymod trwy ei berffaith ufudd-dod a'i aberth. Yng nghyfryngaeth Crist yr oedd y ddwy natur yn gweithredu, pob un yn briodol iddi ei hun; eto, *oherwydd yr undeb, y mae gweithredoedd y naill neu y llall yn cael eu priodoli i'r Person.* Y mae undeb y ddwy natur yn aros, ac i barhau byth, ym Mherson Crist: Duw-ddyn fydd efe byth.

Italeiddiais y frawddeg olaf ond un. Mae honno'n cyfiawnhau, o safbwynt union gred y Methodistiaid Calfinaidd, y brawddegau a gondemniai golygydd *Y Goleuad* yn fy erthygl i. Nid hynny sy'n bwysig. Dengys y frawddeg honno a'r paragraff ysblennydd cyfan fod y Tadau Methodistaidd yn sefyll gyda Thadau Effesus, gyda'r Eglwys Gatholig oll, a bod Mair Mam Duw yn derm y mae gan bob Methodist hawl ac etifeddiaeth ynddo. Gan hynny, nid oes dim yng Nghyffes Ffydd y Methodistiaid Calfinaidd—nac yn Ffydd y Cyrff eraill yng Nghymru sy'n dal yr un gred am Grist—sy'n groes i'r ddysg Gatholig am Fair Fam Duw. A diolch i Dduw am hynny.

Y Faner, 3 Ionawr 1951
Efrydiau Catholig, 1951

GAN mai anaml bellach y blinaf i ddarllenwyr y tudalen hwn o'r *Faner*, efallai y caf gennad i ddweud eto bethau a ddywedais droeon o'r blaen. Ni wnaf unrhyw ddrwg wrth eu dweud, canys nid oes neb yn fy nghredu, ac y mae fy nghyngor yn hapus ofer a gratis. Ond craffer ar a ddywedodd Hesgin am anallu plant ysgolion gramadeg i ateb cwestiynau elfennol ar gynnwys y Beibl. Daliaf i fod hynny'n fwy difrifol na bod heb glywed am Williams Pantycelyn ac Ann Griffiths. Erbyn hyn fe ddylai gweinidogion yr eglwysi ymneilltuol Cymraeg fod wedi dysgu fod addysg grefyddol yr *agreed syllabus* yn yr ysgolion eilradd yng Nghymru yn gyfangwbl ddiwerth o safbwynt crefydd. Y mae'r wers a elwir *religious instruction*, neu R.I., yn union fel y wers a elwir *Welsh*, yr un mor effeithiol, yr un mor ddibwys, yr un mor ddigysylltiad â'r pethau sy'n cyfrif ym mywyd yr ysgol a bywyd y byd. Yn awr, byddaf yn rhyfygu, nid hwyrach, wrth faentumio fod yn bosibl fod eto ambell weinidog, a hyd yn oed ambell leygwr, o Ymneilltuwr a chapelwr Cymraeg sy'n credu neu'n agos at gredu fod ei grefydd ef yn wir, sy'n credu neu'n agos bron at gredu fod y gŵr a elwir ganddo yn Arglwydd mor bwysig i blentyn â'r gŵr a elwir gan y siopau yn *Father Christmas*. Yr wyf yn ymddiheuro am ddal syniadau mor hen ffasiwn, ond gofynnaf i chwi, yn unig er mwyn onestrwydd deallol, oer, gytuno â hyn: os yw yr hyn a elwch chwi, weinidog ymneilltuol da i'r Arglwydd, yn Gristnogaeth yn wir, yn wir, yn real, yna y mae'r wers a elwir yn R.I. yn ysgolion eilradd plant Cymru heddiw yn un o'r parodïau mwyaf cableddus a gynlluniwyd erioed gan bwyllgor sobr a phurion ddirwestol.

Yn union yn yr un modd, parodi ar hawl Cymru ar galon a meddwl plentyn o Gymro yw'r wers a elwir *Welsh* yn yr ysgol ramadeg. A phetai'r meddwl sacramentaidd yn bod o gwbl ymysg offeiriaid a lleianod hy yr eglwys Gatholig sy'n ymyrraeth ag addysg yng Nghymru, fe ddeallent hwythau fod yr un mor bwysig i iechyd ysbrydol y plant dan eu gofal fod eu haddysg yn Gymreig a'i fod yn Gristnogol drwodd a thro.

Yn Lloegr heddiw gwelir tuedd gref i ddefnyddio'r grefydd Gristnogol yn fur yn erbyn chwyldro a Chomwnyddiaeth. Yng Nghymru Gymraeg fe welir tuedd gyffelyb i frolio'r capel fel caer Cymreictod a diwylliant Cymraeg ac, am hynny, i amddiffyn ymneilltuaeth. Ond ni thâl hynny ddim. Ni ellir arddel crefydd er mwyn rhywbeth arall. Y mae hynny'n gwbl gyfystyr ag anffyddiaeth.

Yn awr fe all anffyddiaeth gynnal diwylliant mewn cymdeithas fechan, foethus, gyfoethog a phendefigaidd, am gyfnod go faith. Ond am gymdeithas werinol, ddibendefig, crefydd a arddelir er ei mwyn ei hun, oblegid credu angerddol yn ei gwirionedd, yn unig a fedr godi a chadw diwylliant mewn cymdeithas felly.

Hynny yw, y mae ffyniant ac ailflodeuo'r iaith a'r diwylliant Cymraeg er gwaethaf cyfri'r bobl a holl fygwth diwydiannaeth yn dibynnu yn yr ugeinfed ganrif hon ar un peth syml ond argyfyngus ansicr: fod ymneilltuwyr ac eglwyswyr Cymraeg yn ailddarganfod eu Ffydd ac yn rhoi iddi yr unig le, ysywaeth, y gellir ei roi i Ffydd, sef y lle blaenaf a llywodraethol. Bydd yn hawdd

24

ryfeddol gwybod pan ddigwydd hynny, hyd yn oed pe na ddigwyddai ond mewn un plwy neu un fro yng Nghymru gyfan. Canys y praw o hynny fydd ymuno o'r capeli ynghyd i godi ysgol uwchradd Gymraeg y bydd ei haddysg oll, bob gwers, yn ffyddlon i'w Ffydd a'u treftadaeth. Efallai fod y cyfle gerllaw. Mae'r llu cynyddol o ysgolion cynradd Cymraeg yn peri fod eisoes sôn, a pheth galw petrus, am ysgol ramadeg neu ysgol uwchradd Gymraeg. Fy mendith i'n hael, gan ei bod yn rhad, ar bob ysgol Gymraeg. Ond credwch fi am unwaith—mi wn na wnewch—ni eill ysgol ramadeg Gymraeg achub y diwylliant Cymraeg; eithr fe eill ysgol a godwyd i fagu addolwyr Cymraeg i Dduw. Nid pregeth mo hyn, ond rhesymeg. Addysg enwadol—y peth fu mor erchyll gennych—dyna'r maen praw.

Y Faner, 7 Ionawr 1953

Y BEIBL

RHAGFYR 9, yn eglwys Sant Martin 'yn y wlad' yn Llundain bu gwasanaeth Cymraeg, wedi ei drefnu gan Gymdeithas y Cymmrodorion, i goffáu'r Esgob William Morgan, y gŵr a droes y Beibl oll i'r Gymraeg a'i gyhoeddi yn 1588.

Ymgasglodd muthos o chwedloniaeth ddisail ers canrif o gwmpas Beibl 1588. Honnwyd er enghraifft iddo achub yr iaith Gymraeg rhag difancoll, ac eto iddo osod patrwm o arddull i bob rhyddiaith Gymraeg a ysgrifennwyd ar ei ôl. Ailadroddwyd y ddau osodiad hyn mewn nifer o erthyglau ar gorn y dathlu yr wythnos diwethaf. Er hynny, nid gwir na'r naill na'r llall.

Yn y ddeunawfed ganrif y daeth dylanwad arddull y Beibl i foldio iaith lenyddol y Gymraeg ac i lunio diwylliant y werin Gymreig, a hynny drwy gyfrwng yr ysgolion teithiol, trwy sefydliadau'r diwygiad crefyddol, ac yn arbennig drwy'r emynau.

Cofiaf yn dda glywed John Williams, Brynsiencyn, yn darlithio ar John Jones, Tal-y-sarn, ac yn dadansoddi'n feistraidd ac ysgolheigaidd arddull ei bregethau, gan ddangos cynifer o ymadroddion a darnau brawddegau o'r Beibl a oedd mewn paragraff ganddo.

Trwy'r pregethu ysgrythurol hwnnw a'r ysgol Sul fe ddaeth holl ffigurau ac enwau priod y Beibl a llu enfawr o ymadroddion o'r Salmau a'r Proffwydi a'r Testament Newydd yn rhan o'r diwylliant Cymraeg, yn gefndir hefyd i farddoniaeth am ganrif a hanner.

Y mae hynny wedi darfod ac ni ddaeth dim i gymryd ei le. Ystyriwch y llenorion Cymraeg a gafodd eu haddysg cyn 1918 yn yr ysgol Sul, Tegla Davies, R. W. Parry, Parry Williams, D. J. Williams, Kate Roberts, Gwenallt, heb enwi ond hynny. Y mae eu diwylliant Beiblaidd i'w ganfod ar bob tudalen bron o'u gweithiau. Ys gwir ei gyfoethogi hefyd gan ddiwylliant Cymraeg ehangach.

Ond ni all gwrandawyr dan ddeg ar hugain oed gymaint ag adnabod y cyfeiriadau Beiblaidd sy'n ystrydebau gan yr awduron hyn. Mi wn i hynny drwy brofiad. Llifodd darn o fôr rhwng dwy genhedlaeth ac ni fedrwn siarad gyda'n gilydd ar draws yr agendor.

Dyna'r pam y mae hi'n argyfwng heddiw ar lenyddiaeth Gymraeg a bod beirdd ifainc mor brin.

Heb draddodiad a diwylliant traddodiadol ni ellir artist.

Empire News, 19 Rhagfyr 1954

NADOLIG Y CAWR

UN prynhawn fis cyn y Nadolig yn y flwyddyn 1660, dychwelodd Claude Brosse o farchnad Mâcon i gegin ei ffermdy a rhuo ar ei wraig! Gwna imi ddeg torth o fara haidd a chymer bum cosyn o laeth yr afr a dyro hwynt gyda chrys glân mewn cwd. Yfory, mi af i Baris.

'Wyt ti wedi drysu? Gofynnodd hithau gan edrych i fyny i'w wyneb megis edrych i ben mynydd.

Mi'r ydw' i wedi alaru ar philistiaid Mâcon na wyddan' nhw ddim mai fy Chardonnay fach i yw'r winwydden bereiddiaf yn Ffrainc. Maen nhw'n dweud fod brenin sy fel haul ym Mharis. Mi af â'm gwin yno iddo i brofi.

Ac fe aeth. Gyda'i wedd o ychen a dwy gasgen ar ben y cert. Yfodd o'r gwin gyda'r bara a chaws y dydd a chysgodd dano y nos. Bu fis ar y ffordd. Ymosodwyd arno ddwywaith gan ladron. Lloriodd hwynt yn hapus ddiorchest, ond syrthiodd unwaith i'w ddeulin ar ddwyfron un; bu hwnnw farw.

Yn y capel yn Versailles yr oedd oriel i'r brenin, Louis XIV, uwchben y llawr. Daethai pawb â'i gannwyll i'r offeren ganol nos yn y capel a daeth y brenin oedd fel haul yno gyda'i wyrda.

Pan ganodd y gloch cyn y canon a phenlinio o bawb, tybiodd y brenin fod un gŵr mewn siaced o groen gafr a ffedog ledr am ei ganol yn sefyll ar ei draed yn haerllug. Ffromodd y brenin a pheri i swyddog fynd i orchymyn i'r gŵr benlinio. Dychwelodd y swyddog a sibrwd yn bryderus; Fawrhydi, y mae'r dyn ar ei liniau.

Synnodd Louis XIV gymaint fel mai anodd wedyn iddo gadw'i sylw ar yr aberthu.

Wedi gorffen yr offeren anfonodd y brenin am y cawr. Daeth Claude Brosse a phenlinio o'i flaen ac yr oedd rhaid i Louis edrych i fyny i ymddiddan gydag ef.

O ble'r wyt ti, gawr?

O Mâcon syr brenin.

Gwyddai Louis am Sbaen a Rwsia a Chaer Cystennin, ond gofynnodd i swyddog: Ble mae Mâcon?

Rhan o deyrnas eich Mawrhydi gerllaw abaty Cluny.

'Wyddwn i ddim fod crefydd yn magu cewri. Pa sawl milltir sydd oddi yno? Dau gant a hanner, eich Mawrhydi.

'Beth a'th ddug di mor bell i Baris?

Syr brenin, mi glywais ym Mâcon fod yma frenin fel haul. Mae genni win yn fy nghert a sethrais o sypiau Chardonnay. Rhoes yr haul ei gusan i'r sypiau. Rhoes innau ei gusan mewn casgen. A wnewch chi brofi o gusan yr haul?

Estynnodd ei gostrel i'r brenin.

Tywalltwyd o'r gostrel i gwpan aur. Profodd Louis y gwin:

Nid rhyfedd, ebr ef, fod cewri ym Mâcon. Mi brynaf dy gasgen, gawr.

Felly, fore Nadolig, y gwnaeth Claude Brosse ei ffortiwn â gwin Mâcon.

Empire News, 26 Rhagfyr 1954

MAE'N debyg mai efrydwyr colegau Cymru yw'r mwyafrif o ddarllenwyr y cylchgrawn hwn. Eithriad bod neb ohonynt yn Gatholig o broffes ac enw. Nid eithriad bod llawer ohonynt yn Gatholig o galon a bryd. Tybed na ddaeth yr amser inni ddweud gair am sefyllfa efrydwyr prifysgolion yn amgylchiadau'r byd sydd ohoni'n awr?

'Yn nherfynau'r oesoedd y cyfleodd y Llywodraethwr mawr nyni.' Ymddengys hynny'n debycach heddiw nag yn 1701. Mae'r trydydd rhyfel byd yn ddigon tebyg o ddyfod arnom cyn mynd o'r canol oed yn hen. Pan ddaw, fe ddefnyddir bomiau hydrogen neu waeth gan y ddau elyn. Gall hynny ddigwydd unrhyw flwyddyn o hyn ymlaen. Yn ôl pob gwybodaeth a roddir inni gan arbenigwyr, bydd hynny'n ddiwedd y byd. Er hynny, wele ferched a bechgyn tua'r deunaw oed yn cychwyn cyrsiau prifysgol. A'r darlithiau trefnus, hamddenol!

Diau fod mymryn o gysur ac o esgus i'r efrydydd yn yr Adran Wyddoniaeth. Tuedd gwyddoniaeth ers tro yn y prifysgolion yw troi'n fwy-fwy technegol ac ymarferol. Gan hynny caiff yr efrydydd gwyddonol o leiaf y profiad a'r pleser rhyfygus o ddysgu deall y datblygiadau sy'n rhoi'r gallu i ddinistrio'r byd yn nwylo dyn. O'r safbwynt naturiol, dynol, presennol, y mae rhyw falchder meddwol, narcotig, yn y deall, yn y syndod, yn y feistrolaeth ar egwyddorion pwerau sy mor syfrdanol ffrwydrol. Caiff yr efrydydd gwyddoniaeth heddiw beth o'r ias a brofodd Promethews cyn ei daro gan Iau. Bydd hynny'n rhoi math o drefn ar bethau, math o esboniad, math o reolaeth ar ddigwyddiadau iddo. Digon, efallai, i roi ystyr a gwerth trasiedïol i astudiaethau gwyddoniaeth cyn dyfod ffrwyth y laboratori olaf.

Pa beth a ddywedwn ni am Adrannau'r Celfyddydau? A ellir cyfiawnhau heddiw dreulio wythnosau i ddeall cywyddau ymryson Gruffudd Gryg a Dafydd ap Gwilym? Neu dechneg dialog Jane Austen? Neu ddaearyddiaeth uffern yng ngherdd Dante? Onid ffidlan yr ydym a Rhufain yn llosgi? Onid gwell rhoi'r ffidil yn y to?

Mae gan efrydwyr hawl i ofyn y cwestiynau hyn. Mae'n ddyletswydd arnom ninnau geisio'u hateb. Nid digon na da ddigon mynd ymlaen yn yr hen rigolau oblegid mai hen rigolau ydynt a bod mynd ymlaen yn haws na thorri ymaith, neu am fod ysgolheictod dros dro eto yn ddihangfa rhag byw a rhag ystyried marw. Y mae diwedd y byd neu ddiwedd ein byd ni yn agos. Ofer sôn am drosglwyddo dysg a thraddodiad i'r oes a ddêl. Siawns na ddaw hi ddim. 'Y mae'r Dynghedfen grafangddu agos â dirwyn holl gorff Amser' oddi arnom, a ninnau'n gofidio am ddiflannu tafodieithoedd. Ni thâl hen atebion Dyneiddiaeth chwaith mwyach. Na'r ateb ysgafala modern: ni all dyn tra bo beidio â'i ddifyrru'i hun, a hwyrach fod cywyddau'r bedwaredd ganrif ar ddeg yn wagedd mwy snob na llenwi cwponau Littlewood. Wel, os dyna'n hunig amddiffyniad ni i'n galwedigaeth, erys un peth arall y gallwn ei wneud a fyddai'n fwy o gymwynas ag efrydwyr: gallwn ein saethu'n hunain neu yrru'r car modur i ddŵr y dociau. Darfod, nid ar awr ddigwydd y bom, ond drwy act. Efallai mai rhyw ugain mlynedd ar y gorau a gollwn ni, ugain mlynedd y byddai'n bod ni fel prifysgolwyr yn mynd yn fwyfwy diystyr ynddynt. Onid yw *raison d'être* ysgolheictod dyneiddiaeth yn diflannu? Ystyriwn ddamcaniaeth arall. Y mae'n bosibl fod Duw. Y mae'n bosibl fod 'y datguddiad Cristnogol' yn wir.

Petai'n wir, beth wedyn, efrydydd ifanc? Wedyn, byddai ystyr a phwrpas a gwerth i holl oriau hanes. Byddai'r ugain mlynedd olaf o wareiddiad mor bwysig â'r flwyddyn yr aeth Abraham allan o Ur yr Caldeaid. Ni byddai diwedd y byd drwy'r bom hydrogen yn difa na diddymu dim. Byddai dysgu sut y daeth yr elfen Ladin i'r iaith Gymraeg a pha gyfnewid a fu ar lafariaid hir a byr mor ystyrlon bum munud cyn ffrwydro'r hydrogen uwchben Caerdydd ag ydoedd pan wawriodd egwyddor y peth gyntaf ar feddwl Gruffudd Robert yn Milan. Byddai darllen pennod gyntaf *Pride and Prejudice* neu wrando ar bedwarawd Alfredo Wang yn canu un o weithiau Mozart bum munud cyn Dydd y Farn yn baratoad teilwng a doeth. Canys, yn y datguddiad Cristnogol, creadigaeth Duw yw'r cwbl y sydd. Gan hynny y mae holl hanes y bydysawd yn foliant i Dduw . . . *etiam peccata;* hyd yn oed *Ymddiddan Myrddin a Thaliesin*. Ac os felly, yna, i'r Cristion, y mae pob gwyddoniaeth a chelfyddyd yn addoliad i Dduw. Addoliad yw *raison d'être* ysgolheictod; o'r herwydd y mae gwerth ysgolheictod y tu draw i ddamwain ac yn annibynnol ar ganlyniadau'r bom hydrogen.

Eithr, os cywir hyn, mae'n canlyn fod yn rhaid i'r efrydydd o Gristion gysylltu ei efrydiau a'i ysgolheictod â Chalfaria. Canys heb Galfaria nid oes addoliad. 'Beth yw'r Groes heblaw Datguddiad?' gofynnodd Puleston Jones unwaith mewn cyfres bwysig o benodau. Yr ateb Catholig erioed yw: addoliad. Aberth y Groes yw unig addoliad digonol y ddynoliaeth oll. Ar wahân iddo nid oes addoliad. Ynddo a thrwyddo y mae pob addoliad arall.

Mewn cyfnodau arafach a diogelach a llai argyfyngus na'n hoes ni, bu rhyw falchder peryglus bob amser yn bygwth ysgolhaig ac ysgolheictod Ffawstaidd, diaddoliad. Heddiw, mewn addoliad yn unig y mae i ysgolheictod ddiben ac ystyr. Nid oes ond un cyfrwng normal, sagrafennaidd, Catholig i gysylltu bywyd beunyddiol dynion ag Aberth Calfaria, sef yr offeren. Trwy'r offeren hefyd, trwy'r offeren yn unig, y gellir cysylltu darlithiau coleg yr efrydwyr Catholig, eu horiau darllen yn y llyfrgell a'u horiau ymddiddan ac yfed a chwarae a dawnsio, ag Aberth y Groes. I'r crediniwr Catholig bu'r offeren erioed yn eglur angenrheidiol i fywyd prifysgol, canys o'r offeren y tarddodd y brifysgol. Ond heddiw, y blynyddoedd hyn ar derfynau'r oesoedd, blynyddoedd y bom hydrogen, a'r efrydwyr hyn o lanciau a llancesi'n petrus ymbalfalu am ryw sail, am ryw graig i sefyll arni, am rywbeth a fedro roi gwerth ac ystyr i'w hastudiaethau dan gysgodion cymylau cobalt, pa fodd — pa fodd, na rodder iddynt, yng nghanol eu bywyd academig ac yn ganolbwynt iddo, addoliad aberth Mab Duw?

Efrydiau Catholig, 1955

CEIR llawer o sgrifennu o bob math am grefydd yn yr wythnosolion Cymraeg heddiw. Y mae'r papurau enwadol a'r cylchgronau hwythau'n parhau. Ac onid oes gennym gylchgrawn a'i enw *Diwinyddiaeth?* Mi dybiaf er hynny fod yn deg dweud dau beth: yn gyntaf, fod safon y meddwl a'r sgrifennu diwinyddol Cymraeg yn is nag ydoedd chwarter canrif yn ôl a hanner canrif yn ôl. Yn ail, fod llenorion Cymraeg yn ymddiddori leilai mewn diwinyddiaeth ac yn ei gweld hi'n wyddor farw a dibwys.

Am yr ail fater hwn y dymunwn i ddweud ychydig mewn ysgrif fer.

Wrth gwrs y mae'n diddordebau ni wedi ymehangu. Fe wyddom bawb heddiw shibolethau'r seicolegwyr a'r seiciatryddion. Fe wyddom y dylem fod yn gwybod beth yw ail ddeddf thermo-dynameg. Mae'r sgrin deledu yn dysgu inni ddamcaniaethau Caergrawnt a'r Almaen am gread y sêr-glystyrau. Heblaw hynny oll mae'r hen fywyd gwledig Cymreig wedi diflannu. Yn y dref brysur y mae pawb heddiw yn byw, er bod ambell un od yn parhau i letya yn y wlad ddi-drên. Hyd yn oed felly yn y dref fawr y mae ei fywyd yntau, a'r set deledu yn dwyn cantorion pop diweddaraf Lerpwl a Llundain i'w aelwyd bob nos. Cofiaf am ddiffiniad o grefydd gan athronydd o Sais hanner canrif yn ôl: 'Crefydd yw'r hyn y mae dyn yn ei lunio o'i unigrwydd.' Heddiw 'does dim unigrwydd. Ac y mae'r eirfa sy'n perthyn i brofiadau unigrwydd,— pechod, cydwybod, iawn, cymod, maddeuant,—ys gwir y ceir eu clywed weithiau ar ryw nos Sul o'r pulpudau sy'n parhau'n ganolfannau cymdeithasol Cymreig. Ond termau confensiwn ydyn' nhw bellach; prin iawn yn dermau bywyd.

Popeth yn dda; nid y gymdeithas Gymreig yw mater hyn o lith, ond ei llenorion hi. Mi all cymdeithas anghofio'i gorffennol a ffynnu'n dalog philistaidd, fel y mae Cymru'n ffynnu'n gyfoglyd braf heddiw. Ni all llenyddiaeth ffynnu heb orffennol. Ni all na bardd na nofelydd na beirniad llên na dramäydd dyfu'n gydnerth, ni all fod gwaith creadigol byw na beirniadaeth lenyddol fywiol, heb feddiannu llawer o gefndir llenyddol yr iaith. A'r ffaith sylfaenol am lenyddiaeth Gymraeg yw mai llenyddiaeth grefyddol Gristnogol yw hi o'i chychwyn yn y chweched ganrif hyd at yr ail ryfel byd yn 1939. O'r herwydd y mae diwinyddiaeth yn rhan helaeth o'i helynt hi ac yn enwedig felly yn y canrifoedd Protestannaidd diweddar. Pery erthyglau Emrys ap Iwan ar y 'Clasuron Cymraeg' ac ar 'Lenyddiaeth Grefyddol y Cymry Gynt' yn bryfoclyd awgrymog a gwerthfawr o hyd. Yr oedd ei reddf ef yn gywir, canys crefyddol ydy'r clasuron Cymraeg. Ond braidd gyffwrdd â'r deunydd a wnaeth Emrys ac y mae trigain mlynedd a rhagor er pan sgrifennodd ef.

Tuedd beirniadaeth academig heddiw yw gofidio fod llyfrau crefyddol yr ail ganrif ar bymtheg mor anniddorol er cystal eu Cymraeg; mynd heibio i ryddiaith grefyddol y ddeunawfed ganrif heb sylwi fawr arni; a dirmygu neu ddiystyru dadleuon diwinyddol y bedwaredd ganrif ar bymtheg a'u llyfrau oll. Yr argraff a roddir ar y meddwl yw ei bod hi'n biti fod rhyddiaith Gymraeg ers tair canrif a hanner mor sych-dduwiol a chul.

Mae'r culni'n ffaith, y cyfyngu ar gynnwys ein llyfrau. Cwynodd Williams Pantycelyn yn hallt amdano. Ond y mae'n ffaith hefyd nad oes modd deall nac iawnbrisio llenyddiaeth Gymraeg heb astudio cryn dipyn ar ddiwinyddiaeth Brotestannaidd Cymru, a hynny mewn ysbryd o gydymdeimlad a chyda dychymyg hanesydd i dreiddio i brofiadau oes a fu. Y mae ceisio ysgrifennu hanes ein llenyddiaeth heb drafod o ddifri y mater diwinyddol yn debyg i'r hyn a elwir gan Saeson yn gais i actio drama Hamlet heb fod neb yn cymryd rhan Tywysog Denmarc.

Cymerer yn enghraifft y bedwaredd ganrif ar bymtheg a hanner cynta'r ganrif hon. Mae gennym Gofiant John Jones i'n hatgoffa fod athrawiaeth yr Iawn yn destun pregethu a sgrifennu helaeth ac angerddol drwy gyfnod o ganrif a hanner cyn 1860. Nid Thomas Jones, Dinbych, yw'r unig enw o bwys llenyddol yn y dadleuon hynny. Ond heb yr hir hanes hwnnw ni allwn ddechrau deall pwysigrwydd *Athrawiaeth yr Iawn* Lewis Edwards. Yn ei lyfr ar hanes llenyddiaeth y ganrif dywedodd T. Gwynn Jones:

> Gwasanaeth pennaf Dr Edwards i lenyddiaeth Gymraeg ydoedd sefydlu'r *Traethodydd* ac ysgrifennu ei Draethodau Llenyddol.

Ond y gwir yw mai eleffant mewn gardd flodau ydy Lewis Edwards y beirniad llenyddol, ac nid yw gorau ei feddwl ef yn y Traethodau Llenyddol. Ei gampwaith ef yw *Athrawiaeth yr Iawn*; yno y ceir ei sgrifennu gorau ef, helaethrwydd ei amgyffred a chryfder ei ddeall a meistraeth ar ffurf a mater.

Trown wedyn at Puleston Jones. Yr oedd ganddo ef reddf artist a llenor; yr oedd yn un o feistri'r Gymraeg. Er hynny nid ei ysgrifau llenyddol ef, er cystal ydynt, sy'n dangos gwir faint Puleston Jones, ond yn hytrach ei lyfr mawr anorffen ar *Yr Iawn*, campwaith gwirioneddol o Gymraeg ystwyth a meddwl diwinyddol craff a duwiol sydd o ran ei weledigaeth yn pwyntio'r ffordd at rai o egwyddorion Teilhard de Chardin.

Nid rhyw odrwydd yn tarddu o dlodi a chyfyngder amgylchiadau sy'n cyfri am bwysigrwydd diwinyddiaeth yn ein llenyddiaeth ni. Y mae hynny'n rhan o'r eglurhad pam nad oes gennym ni lenyddiaeth ehangach ei diddordeb; pam, er enghraifft, na chawsom ni nofel yn y ddeunawfed ganrif. Ond y mae diwinyddiaeth yn rhan fawr o holl lenyddiaeth glasurol Ewrop. Trown at ganrif glasurol Ffrainc, oes fawr y dadleuon diwinyddol a'r diwinyddion a'r pregethwyr a'r beirdd crefyddol. O Montaigne hyd at derfyn oes Fénélon pynciau crefydd a diwinyddiaeth yw mater y campweithiau pwysicaf oll. Nid ein hysgar ni Gymry oddi wrth Ewrop y mae'n llenyddiaeth grefyddol ni a'n dadleuon diwinyddol. Yn gwbl groes i hynny, hwy sy'n ein profi ni yn rhan o'r un gwareiddiad â Racine a Pascal a Milton a Dante.

Barn, Awst 1964

SÔN AM ACHUB

Sôn Am Achub, gan Bleddyn Jones Roberts, Gwasg Prifysgol Cymru.

LLYFR pwysig ac amserol. Y mae'r isteitl yn egluro maes astudiaeth y llyfr a'r prif deitl yn datgan ei thema. *Sôn am Achub* yw mater yr Hen Destament, dyna thesis y llyfr. Oblegid hynny y mae'r Hen Destament yn rhan o Feibl yr Eglwys Gristnogol. Y mae dileu'r *Sôn am Achub* yn ddilead ar y grefydd Gristnogol ac ar ystyr yr Hen Destament yn ei berthynas â gwareiddiad y Gorllewin, ac yn ei werth i'r byd modern.

Yn y bennod gyntaf dyry'r Athro Bleddyn Roberts drem ar ddatblygiad astudiaethau yn yr Hen Destament o ddechreuad y ganrif hon hyd at heddiw. Y mae hi'n bennod ddiymhongar a chwbl feistraidd; ie, meistr sydd yma. Byddai darllen a phwyllog ystyried tudalennau 10-12 o'r bennod hon yn ddisgyblaeth werthfawr i unrhyw un a fyn ei alw ei hun yn Gristion—ac yn wir i chi, y mae rhai od yn ein mysg.

Ymddengys i mi, leygwr anhyddysg, fod yr ail bennod yn gynhyrfus ddiddorol ond yn rhy wasgedig gynnil, yn rhagdybio gwybodaeth gan y darllenydd nad yw gan ond ychydig, ac y byddai helaethach ymdriniaeth yn fwy buddiol.

O hynny ymlaen nid oes dim anhawster tebyg. Y mae'r drydedd bennod ar yr Addoli yn Achub dipyn yn newydd, gallwn dybio, o safbwynt y pulpud Anghydffurfiol Cymraeg, ond yn dra gwerthfawr o safbwynt yr ymdeimlad ecwmenaidd sydd ar gynnydd heddiw. Nid ydyw'n chwyldroadol chwaith. Fel y dehongla'r Athro yr Addoli'n Achub a'r Cyfamod, y mae Ann Griffiths hithau yn ei hemynau a'i llythyrau yn eu deall a'u canu.

Y bennod sy'n cyfeirio fwyaf pendant at hanes y pulpud Cymraeg yn y ganrif hon yw'r chweched. Trafod y pregethu proffwydol yn achub y mae, a rhoi inni drem ar ddatblygiad pregethu yng Nghymru a hefyd (t. 51-53) awgrym o gysur ac o orchwyl goruchel i weinidogion yng nghyflwr crefydd heddiw. Yn wir, trwy gydol y llyfr y mae'r sefyllfa bresennol yng Nghymru yn fyw ym meddwl yr awdur; nid trafodaeth academig yn unig a geir o gwbl. Y mae'r awdur, fel y gwyddys, yn awdurdod yn ei faes a chanddo enw yn Ewrop a'r Amerig.

Y mae ei ddull o drin ei bwnc yn llym ysgolheigaidd a chynnil. Gyda hynny y mae ganddo glust denau i amheuon ac ofnau a digalondid ei gyd-Gristnogion.

Rhaid imi gwyno am iaith y llyfr. Dywed Mr Roberts: 'Nid yw'n deg ag aelodau Adran Gymraeg Prifysgol na neb arall bod lleygwyr ym mater yr iaith, fel myfi, yn eu poeni byth a beunydd i gywiro'r orgraff.' Peth bychan yw orgraff, ond y mae cystrawen y llyfr fwy nag unwaith yn faen tramgwydd i mi a bu cywiro go sâl ar broflenni.

Brychau ar waith safonol yw'r rhain. Er mai llyfr bychan yw mi gredaf i ei fod yn bwysicach nag odid unrhyw lyfr Cymraeg arall a gyhoeddwyd y flwyddyn hon. Bu rhai ohonom yn ystod y misoedd diwethaf yn gwrando ar leygwyr, a rhai ohonynt yn ddynion o beth gwybodaeth mewn meysydd anniwinyddol, yn trafod diwinyddiaeth gerbron y microffon gyda'r anwybodaeth siriolaf a mwyaf hapus hunanfodlon.

Tybed ai'r Ysgol Sul Gymraeg sy wedi peri inni farnu fod syniad Siac gystal â dysg Siôn wrth drafod crefydd, nad yw gwybodaeth ddiwinyddol yn cyfri dim, y gellir codi ysgwydd a gofyn gyda gwên herfeiddiol: 'Oes modd eich bod chi'n credu'n llythrennol yn yr Atgyfodiad?' a dyna'r ddadl ar ben! Un dull i liniaru mymryn ar philistiaeth anwybodus a *vulgarity* arswydus y siarad am grefydd yng Nghymru heddiw fyddai astudio peth ar waith ysgolhaig trylwyr a digogio fel yr Athro Bleddyn Roberts.

The Western Mail, 10 Gorffennaf 1965

ADDYSG A DIWYLLIANT

Y BRIFYSGOL

PWNC y dydd yng Nghymru yw cael prifathrawon i golegau'r Brifysgol. Trwy'r wlad fe gwyd cri am gael Cymry i'r swyddi gwag yn Aberystwyth ac Abertawe. Y mae dau beth i'w dweud ar y mater. Yn gyntaf, cytunwn o galon â'r rheiny a hawlia brifathrawon o Gymru i golegau Cymreig, a rhoi mai colegau Cymreig ydynt. Eithr onid ydynt yn golegau Cymreig, yn golegau i goledd diwylliant Cymreig a Chymraeg, os yn hytrach colegau ydynt i feithrin diwylliant Seisnig yng Nghymru, yna nid oes un ddadl resymegol dros benodi Cymry'n brifathrawon. Gorffwys y ddadl dros gael athrawon Cymreig ar yr egwyddor y dylai colegau Cymru fod yn golegau Cymraeg. Gwader yr egwyddor, fe syrth y ddadl. Ni wynebodd Cymru eto'r ffaith hon. Clywir grwgnach parhaus yn erbyn penodi Saeson yn y Brifysgol, er mai addysg Saesneg a gyfrennir gan y Brifysgol oddieithr yn yr adrannau iaith a llenyddiaeth Gymraeg—a Saesneg yw iaith y rhai hynny mewn un neu ddau o'r colegau. Yr ydym ni'n cymeradwyo'r ddadl dros athrawon a phrifathrawon a fedr ddarlithio mewn Cymraeg, oblegid mai Cymraeg a ddylai fod yn iaith y Brifysgol yng Nghymru, a bod pob penodiad Sais yn chwyddo'r anhawster i gael hynny'n fuan. Paham na chymer y Cynghorau Sir y mater hwn i'w dwylo?

Ail beth. Y mae pedwar coleg Cymru yn rhannau o un brifysgol, a pheth gwych yw hynny gan ei fod yn cydnabod unoliaeth Cymru. Brwydrwn yn gyndyn yn erbyn pob ymgais i roi annibyniaeth a statws prifysgol i unrhyw un o'r colegau. Camp y Prifathro Sibly yn ystod ei yrfa yn Abertawe oedd iddo ddal yn gryf wrth yr egwyddor hon, a mawr yw dyled Cymru iddo o'r herwydd. Yr oedd ef yn ei bolisi yn y brifysgol yn genedlaetholwr i fesur go lew. Effaith yr egwyddor hon yw bod prifathro pob coleg yn ei dro yn is-ganghellor y Brifysgol. Gan hynny, fe ddylai fod gan y Brifysgol hithau ran awdurdodol yn newisiad prifathro pob coleg, neu ynteu fod newid yng nghyfansoddiad y Brifysgol a rhoi iddi is-ganghellor ar wahân i'r colegau. Fel y mae pethau heddiw, y mae penodiad prifathro'n ymarferol yn gwbl yn nwylo cyngor pob coleg, cyngor y mae perygl mawr iddo feddwl mwy am Abertawe, neu Aberystwyth, neu Fangor, neu Gaerdydd, nag am Gymru gyfan. Felly byddai prifathro a benodwyd o ragfarn rhanbarth yn mynd yn ben ar Brifysgol y wlad gyfan. Nid bychan y gallai'r drwg hwn fod. Cawn weld cyn bo hir.

Y Ddraig Goch, Medi 1926

EISIAU PRIODI DAU DDIWYLLIANT

RHAID i'r nodiadau hyn fynd i'r swyddfa yn hir cyn gwybod ohonom ganlyniad etholiad Caerfyrddin. Ar dudalen arall o'r rhifyn hwn fe welir y maniffesto a anfonodd y Blaid Genedlaethol at yr etholwyr. Byddai'n rhyfygus dros ben broffwydo am yr etholiad. Gellir disgwyl am yr annisgwyl. Ond y mae eisioes un peth yn eglur, a hwnnw'n beth i godi calon pob cenedlatholwr Cymreig, sef yw hynny cwbl ddiffyg unrhyw frwdfrydedd ynglŷn â'r ethol. Hynny a bair fod proffwydo'n anodd. Nid yw sloganau'r pleidiau estron yn codi hwyl heddiw yng Nghaerfyrddin fel yn y dyddiau gynt. Pwyswyd hwynt yng nghloriannau profiad chwerw; canys er pan ffarweliodd Sir Gaerfyrddin â'r diweddar arwr Llewelyn Williams yn aelod iddi, bu ei hanes politicaidd yn bur gywilyddus. Effaith hynny yw syrffedu pobl y sir ar y pleidiau Seisnig a thorri llwybr i genhadon y Blaid Genedlaethol. Sir anodd ei gweithio heb ddigon o foduron a chronfa ariannol gref yw Sir Gaer. Er hynny fe deithiodd cenadwri'r Blaid yn bell yno eisioes, a hyderwn am weld effaith hynny mewn lleihad yn nifer yr etholwyr a ddefnyddiodd y bleidlais estron.

Anogwn bawb sy'n ymddiddori ym mywyd Cymru anfon deuswllt i 38 Charles Street, Caerdydd er mwyn prynu *The Welsh Housing and Development Year Book*, 1928. Yn arbennig fe ddylai'r sawl sy'n ymyrryd â llywodraeth leol Cymru, neu'n aelod o Gyngor Sir neu Gyngor Dosbarth neu dref neu blwyf, fynnu'r llyfr hwn bob blwyddyn a'i studio'n ddyfal. Canys hwn yw'r peth tebycaf sy gennym i adolygiad ar lywodraeth leol Gymreig yn ei gwahanol adrannau. Ceir ynddo gynghorion, awgrymiadau, hanes mudiadau gwelliant tref a gwlad, cynlluniau a beirniadaethau ar lawer agwedd ar waith awdurdodau lleol. Y mae mwyafrif yr awduron a gyfrannodd i'r llyfr yn wir gyfarwyddiaid yn eu testunau; ond rhaid eithrio Mr E. R. Appleton, goruchwyliwr y Stesion T.D.W. yng Nghaerdydd a Mr Ramsbottom sy'n sgrifennu ar 'The Rural Community Council Movement in Wales' — dau sy'n ymyrryd â mudiadau Cymreig heb wybodaeth o fywyd y wlad na'i hanghenion. Mawr obeithiwn y bydd y *Rural Community Council* bondigrybwyll hwn yn farw gelain yn fuan. Ond na soniwn fwy amdano, rhag iddo droi o ddigrif i ddifrif. Ymysg ysgrifau'r llawlyfr a ddengys fwy na gwybodaeth arwynebol o anghenion Cymru, enwer yn glodfawr lith Mr Iorwerth Peate ar ddiwydiannau gwledig. Honno yw'r unig ysgrif hefyd y ceir ynddi sôn am ddiwylliant a gwareiddiad Cymreig.

Da iawn gennym weld Mr Peate ymysg awduron y llawlyfr oblegid bod hynny'n help i drwsio adwy ddifrifol ym mywyd Cymru. Ymysg ewyllyswyr da a gwir garedigion ein gwlad ceir dau ddosbarth. Un dosbarth yw aelodau Cymreig a Chymraeg Awdurdodau lleol Cymru. Y mae amryw o'r dosbarth hwn yn weinidogion a blaenoriaid ymneilltuol, amryw yn llenorion gwlad, yn eisteddfodwyr, yn ysgolfeistriaid, a'r mwyafrif ohonynt yn meddu y math hwnnw o ddiwylliant anghyflawn, unochrog sy'n gyffredin yng Nghymru, sef diwylliant llenyddol gwerinaidd. Apelier at y dosbarth hwn o blaid yr iaith Gymraeg a cheir ganddo ateb anrhydeddus, tyst er enghraifft o Gyngor Dosbarth

Geirionnydd a fynnodd y Gymraeg yn iaith swyddogol y Cyngor. Dealler mai sôn am garedigion Cymru yr ydys yn awr.

Gwendid erchyll y diwylliant gwerinaidd hwn yw ei anghyflawnder. Y mae'n resynus o ddifater ynghylch pob dim a berthyn i harddwch natur a harddwch celfyddyd. Pe byddai ofod i ymhelaethu gellid dangos achosion hynny, megis y canrifoedd y caewyd y Cymry allan o'r trefi, ac wedyn diflaniad y bendefigaeth Gymreig. Rhaid aros ar yr effeithiau. Ni fyn Cyngor Geirionnydd wneud dim i rwystro difwyno harddwch bröydd Eryri. Er bod diwydiant y glo carreg yn tyfu'n gyflym yn Ne-Ddwyrain Sir Gaerfyrddin, ni ddeffroes y Cyngor Sir o gwbl i baratoi cynlluniau, a rwystrai droi un o randiroedd harddaf y De yn ail i Ferthyr a Dowlais. Y mae trefi mwyaf Cymraeg y Deheudir, megis Abertawe a Llanelli, yn fangreoedd fandaliaeth wrthun ac yn gwbl amddifad o gydwybod ddinesig. Nid rhyfedd bod Mr Herbert Vaughan yn ddiobaith ac yn gweiddi ei bod yn rhy hwyr i'w hachub. Yn wir, yn wir, y mae un o wledydd harddaf Ewrop yn troi dan ein llygaid ni a thrwy ein bai ni yn ffau hacrwch. A lle y bo Cymry Cymraeg gryfaf, yno ceir y drwg pennaf.

Y mae dosbarth arall o garedigion Cymru sy'n ceisio arbed y drwg hwn, sy'n eiddigus dros geinder ein gwlad ac yn brwydro i'w hachub. Cyfarfu nifer o'r dosbarth hwn yn Llundain yn ddiweddar a ffurfio Cyngor Gwaredu Gwlad Cymru. Llywyddodd yr Arglwydd Boston. Gydag ef yr oedd Mr Clough Williams Ellis, Mr T. E. Morris, y Barnwr Lloyd Morgan, Mr Alwyn Lloyd, Mr Patrick Abercrombie, Mrs Laurence Brodrick, Arglwydd Treowen ac eraill. Dealler: y mae'r dynion hyn yn caru Cymru, yn ei gwasanaethu hefyd. Y mae gan lawer ohonynt gyfoeth, a pherthynant i ddosbarth uchel mewn cymdeithas. Nid ydynt grintach. Cyfrannant yn hael at yr amcan hwn ac at lawer amcan buddiol arall yng Nghymru. Gwŷr diwylliedig ydynt a da i Gymru wrthynt.

Gwendid difrifol eu diwylliant yw ei anghyflawnder. Carant Gymru: nis deallant. Ceisiant wasanaethu Cymru: o'u hanfodd bradychant hi. Nid Saeson ydynt: y maent yn Seisnig. Nid oes ganddynt y peth sy gan y werin, sef y diwylliant llenyddol Cymraeg, ac y mae ganddynt y peth na fedd y dosbarth gwerinol, sef diwylliant dinesig. Y canlyniad yw eu bod hwythau'n aneffeithiol yn eu holl ymdrechion. A dyma'r paradocs creulon: bod Cyngor Cymreig Geirionnydd yn ymuno gyda gwerinach ymwelwyr Seisnig Llandudno, sy'n taflu o'u siarabanciau grwyn oreiniau a bananau ar hyd bröydd Eryri, yn erbyn delfrydau boneddigion Seisnigaidd Cymru ei hun.

Yn awr, unig obaith Cymru yw priodi'r ddau ddiwylliant, sef y diwylliant dinesig, bonheddig a'r diwylliant Cymraeg, llenyddol. Ein cred ni yw y bydd ymreolaeth yn gam sylweddol yng nghyfeiriad y briodas honno, ac am hynny yn bennaf oll yr ydym yn perthyn i'r Blaid Genedlaethol. Heb y briodas honno yn ddiben iddi, ni byddai ymreolaeth ei hun namyn fel ffrwythau lludw'r Môr Coch. Rhaid i'r diwylliant bonheddig, dinesig lefaru wrth werin Cymru mewn Cymraeg, a pherffeithio boneddigrwydd drwy ei Gymreigio. Rhaid hefyd lefeinio'r diwylliant gwerinol â delfrydau anhraethol uwch nag y sydd iddo heddiw. A ellir hyn oll? Dyna broblem y Blaid Genedlaethol.

Y Ddraig Goch, Gorffennaf 1928

YR oedd wyth gŵr ifanc ar eu prawf yn llys chwarterol yr Wysg y mis hwn am dorri ohonynt i mewn i dai a lladrata. Dywedodd Syr H. M. Jackson wrth iddo annerch y rheithwyr: 'Fe welwch fod pob un ond un o'r gwŷr hyn dan ei ugain oed. Yn sicr iawn diffyg gwaith, yn arbennig diffyg gwaith i'r ifainc, sy'n gyfrifol am y troseddau, a hynny sy'n creu drwgweithredwyr.'

Mewn ardal gyfagos yr un wythnos crogodd glowr deugain oed, a daflesid allan o waith drwy gau'r pwll glo, ef ei hunan. Dywedodd y meddyg mai segurdod y cyhyrau, a oedd wedi arfer gweithio, a lygrodd iechyd ei gorff ef, a hynny wedyn yn effeithio o angenrheidrwydd ar y meddwl a pheri amwyll. Ar ôl tystiolaeth y meddyg dywedodd y Crwner, Mr W. F. Carter, mai dyna drasiedi diffyg gwaith, ac mai ar y mwyaf cydwybodol a'r gweithwyr gorau yr oedd cau pwll neu ffatri yn effeithio ddwysaf. Trwyddo fe ddifethid corff a meddwl ac yr oedd nifer yr hunainleiddiaid ar gynnydd o'r herwydd.

Dyna'n unig ddwy enghraifft a godwyd o bapurau Deheudir Cymru yn yr un wythnos. Gellir darllen pethau tebyg bob dydd bron, ac yn y Gogledd megis yn y De. Caiff rhai o'r papurau newydd Saesneg hwyl fawr hefyd yn datguddio'r twyll a'r camddefnydd sydd ynglŷn â thâl y llywodraeth i'r di-waith. Honnir, a diau mai'n gywir yr honnir, fod cannoedd o fechgyn a merched na cheisiant waith ac sy'n gwrthod gwaith pan ddelo o'r diwedd gyfle iddynt. Cyhoeddir llythyrau i brofi gwirionedd y cyhuddiadau ac awgrymir bod rhywbeth ysgeler a beius yng nghymeriad y dynion hyn. Ond yma eto nid oes sail i'r huodledd gorgyfiawn a diddeall. Y mae'n wir bellach fod llaweroedd na fynnant weithio — dyna eu hafiechyd, eu trasiedi hwynt. Y mae'r blynyddoedd o segurdod a'r blino o sefyll a loetran a bod heb dasg na galw wedi parlysu'r cyhyrau ac wedi pylu'r ewyllys ac wedi nychu'r corff a'r meddwl, fel na eill y dyn ifanc pump ar hugain oed weithio (am resymau meddygol) fwy nag y geill un a drawyd â haint neu afiechyd arall. Nid problem boliticaidd ac economaidd yn unig yw diffyg gwaith Cymru, eithr problem feddygol a moesol ac addysgol yn ogystal.

Pa beth a wneir yng Nghymru heddiw i ymladd y drygau hyn? Ymdrechion addysgol arbennig? Fe gytuna pawb mai enbyd yw ein cyflwr, gan fod un o bob tri o weithwyr cyflog Cymru yn segur. Gellid disgwyl i'n hawdurdodau lleol, ein hundebau enwadol a'n cyfarfodydd misol, fyrlymu gan gynlluniau ac awgrymiadau i wynebu'r difrod moesol. Ond ni chlywsom amdanynt. Y mae'r Gogledd a'i holl arweinwyr yn rhy frwdfrydig yn rhwystro codi ysgol babyddol yng Ngholwyn i roi sylw i drybini Cymru. Crynwyr Seisnig yn unig, hyd y gwyddom, sy'n arwain ymgyrch yn y Rhondda ac ym Mhontypridd yn y Deheudir i liniaru'r drwg.

Ac mor eiddil yw ein Cymru heddiw. Y mae methiant moesol a chrefyddol Cymru yn y deuddeng mlynedd diwethaf, yn wyneb argyfwng digyffelyb yn ei hanes, yn drychineb. Yn unig ymhlith cenhedloedd a benderfynodd farw y rhydd hanes inni enghreifftiau o anallu cyffelyb.

Fel enghraifft o'r hyn y gellir ei wneud mewn amgylchiadau tebyg gan bobl a ysgogir gan egni cenedlaethol ac ysbryd hael crefyddol rhoddwn hanes y mudiad

37

addysg i'r di-waith yn ninas Cwlen yn yr Almaen. Gwyddys bod diffyg gwaith, oblegid y termau heddwch a osodwyd arni wedi'r rhyfel, cynddrwg yn yr Almaen ag yng Nghymru. Dinas fasnachol a diwydiannol ar afon Rhein yw Cwlen, a'i phoblogaeth tua phedwar can mil, dwy waith poblogaeth Caerdydd. Yno hefyd y mae diffyg gwaith yn broblem foesol megis yn ardaloedd poblog ein Cymru ni. Aeth offeiriad ifanc yno o amgylch holl arweinwyr crefyddol y ddinas, protestannaidd yn gystal â chatholig, a'u cael ynghyd i gynllunio cyrsiau addysg i'r di-waith. Trwy'r mis Tachwedd diwethaf buwyd wrthi'n trefnu ac yn rhannu'r ddinas yn barthau. Yna hysbysebwyd ym mhob swyddfa lafur (tebyg i'n *labour exchange* ni) yr agorid dosbarthiadau y nawfed o Ragfyr mewn un ar ddeg o rannau'r ddinas. Byddai'r cyrsiau'n agored i wŷr a merched, ac ychwanegid atynt fel y deuai galw. Ac yn wir erbyn mis Chwefror o'r flwyddyn hon yr oedd pump a deugain o ddosbarthiadau yn y dref ac y mae heddiw dros hanner cant.

Ceir pob math o gyrsiau ac fe wahoddir pawb dan bump ar hugain oed sy'n ddi-waith. Mewn rhai dysgir pethau ymarferol megis sgrifennu llaw fer, cadw llyfrau cyfrif, ieithoedd tramor (deg ohonynt i gyd), gwaith saer coed, gwaith lledr, gwneud teganau plant. Dysgir hefyd bethau eraill mwy diwylliannol—canu, bywydeg, llenyddiaeth a hanes yr Almaen, dinasyddiaeth, hanes celfyddyd. Rhoddir cyrsiau yn hanes arwyr a gwŷr mawr yr Almaen, darlithiau ar ddyletswyddau rhieni, ar hanes sefydliadau cymdeithasol, ar bynciau crefyddol. Ceir cyrsiau i ferched mewn coginio, dodrefnu, gwnïa a thrwsio dillad, nyrsio, gofalu am blant. Ceir dysgu dawnsio hen ddawnsiau gwledig yr Almaen, a dysgu nofio ym maddau cyhoeddus y ddinas.

A chost hyn oll? Y mae'n fychan iawn. Oblegid mai ysbrydiaeth grefyddol a chenedlaethol oedd tu ôl iddo cynhyrfwyd pawb i helpu. Rhoes yr eglwysi eu hysgoldai'n rhad a thalu eu hunain am olau a gwres a glanhau. Cafwyd athrawon galluog a wrthododd dâl am eu hamser a'u llafur. Cafwyd hefyd athrawon ifainc di-waith a ymgynigiodd, a threfnwyd talu swm bychan iawn y dydd iddynt hwy gan nad oeddynt yn ennill, tua deunaw ceiniog yr awr. Ymdaflodd yr awdurdod lleol a'r pwyllgor addysg yn frwdfrydig i'r mudiad a chasglwyd cronfa i helpu cadw'r cwbl ar gerdded.

Nid oes dim gorfodaeth nac awyrgylch ysgol bob dydd plant yn y dosbarth-iadau. Yn hytrach y mae'r cwbl yn debyg i ddosbarthiadau allanol y brifysgol yng Nghymru, ond bod mwy o amrywiaeth, a cheir yr ysbryd cydweithio ac ymddiddan a holi a chodi cwestiynau a geisiwn ninnau yn ein dosbarthiadau gweithwyr ym misoedd y gaeaf.

Bu awdurdodau a swyddogion swyddfeydd y di-waith yn helpwyr brwdfrydig, a pharhânt felly. Yn lle bod yr aelodau o'r dosbarthiadau yn gorfod mynd yn ddyddiol i'r swyddfa, rhoddir cerdyn i bob un ac ni raid iddo fynd ond unwaith yr wythnos. Pan elo hefyd, rhydd y cerdyn hawl iddo fynd yn syth at ben y *queue* rhag iddo golli amser o'r dosbarth. Pan ddelo newydd am agor gwaith, anfonir yn gyntaf am un cymwys i'r ysgolion hyn. Mwy na hynny y mae'r meistri gwaith yn dysgu mynd yn syth at athrawon y dosbarthiadau i holi am weithwyr cymwys.

I raddau helaeth fe ddiflannodd y tristwch a'r ysbryd difraw, dihitio, diobaith o ddinas Cwlen. Yno heddiw ceir egni, hyder, disgyblaeth, calonnau ysgeifn yn wynebu anawsterau heb chwerwi na cholli ffydd. Swmbwl y cwbl yw cenedlaeth-oldeb a Christnogaeth. Pa un sydd orau, casineb a chulni enwadol neu *gydweith-rediad* ac adeiladu?

Y Ddraig Goch, Mai 1931

YN llawen ac yn ddibetrus ymunwn gyda'r papurau wythnosol Cymraeg i longyfarch golygydd y *Welsh Outlook* oherwydd ei arweiniad campus yn ei nodiadau golygyddol am fis Tachwedd yn erbyn cylchlythyr 1421 y Bwrdd Addysg a'r cais i godi costau ysgolion canol i rieni Cymreig. Amheuthun hefyd yw croniclo bod aelod seneddol Cymreig wedi llefaru'n gryf a deallus yn Nhŷ'r Cyffredin ar yr unrhyw fater, sef Syr William Jenkins, yn y ddadl a fu ar y cylchlythyr yr unfed ar bymtheg o Dachwedd. Diolch i Syr William Jenkins ac i Mr E. H. Jones yn yr *Outlook,* y mae'r ddadl yn erbyn cynigion y Bwrdd Addysg wedi ei gosod yn gadarn ac eglur; y mae'r anghyfiawnder yn gydradd ym Morgannwg ac yn Arfon ac yn Aberteifi a Threfaldwyn a phob sir yng Nghymru. Yn ymarferol, y mae'n ychwanegiad uniongyrchol at dreth incwm rhieni tlawd, ac yn gymaint ychwanegiad fel, oni thynner y gofynion yn ôl, y bydd llwyr newid ar yrfa cannoedd ac efallai miloedd o blant Cymreig.

Gofynnir i Gymru godi swm o £35,000 yn ychwaneg tuag at gostau addysg yn ei hysgolion canol. Y Bwrdd Addysg yn Llundain a benderfyna yn ymarferol ac effeithiol pa fodd y codir y swm. Diau, pe buasai gan Gymru lais o gwbl yn llywodraethu ei gwlad y dewisai hi foddion eraill i gynilo. Er enghraifft, y llynedd olaf oll fe wariodd trysorlys llywodraeth Loegr y swm £136,000 yn gyfan gwbl ar ymchwil cemistiaid am nwyon gwenwynig i'w defnyddio mewn rhyfel. Yr oedd y flwyddyn, fe gofir, yn un beryglus iawn i drysorlys Lloegr ac i bwrs y wlad, a gellir tybio y buasai Cymru dan hunanlywodraeth yn barod i wneud heb ymchwil y cemistiaid yn y fath fater ac arbed felly arian prin. Ond rhaid i Gymru yn awr dalu ei chyfran hi o'r £136,000 hynny, a thalu yn llwyr o newydd £35,000 tuag at ei hysgolion canol ei hun. Dyna un o'r manteision bendithiol y dylem ddiolch ein bod yn perthyn i ymerodraeth er mwyn eu mwynhau.

Gellir llongyfarch llywodraeth Loegr a'i Bwrdd Addysg bondigrybwyll hefyd ar ddewis ohonynt funud hapus iawn i godi costau ysgolion yng Nghymru. Gwnaeth swyddogion dysgedig y Bwrdd eu 'syms' yn rhagorol. Gwelsant fod cost addysg yng Nghymru yn peri bod yn deg gofyn gan rieni Cymreig un rhan o ddeg o'r hyn a ofynnir gan drigolion Lloegr, ac felly y pennwyd ar y ffigur o £35,000. Ni ddigwyddodd iddynt weld 'syms' eu cyfeillion yn y Weinyddiaeth Lafur a ddaeth allan tua'r un adeg. Dangosodd ffigurau'r swyddfeydd llafur fod yn Lloegr y mis diwethaf leihad yn nifer y di-waith o gan mil (100,000), a bod yng Nghymru yn yr un cyfnod gynnydd yn nifer y di-waith o bum mil (5,000). Yn awr y mae'r cynnydd yn nifer y di-waith yng Ngogledd Cymru y misoedd diwethaf i'w briodoli yn uniongyrchol i ymyrraeth y llywodraeth bresennol. Y llywodraeth ei hunan a roes orchymyn i'r awdurdodau lleol beidio â'u cynlluniau adeiladu a'u gwelliannau ffyrdd, ac felly y difethwyd gweddillion marchnad y chwareli yn Arfon a Meirionnydd. Nid yw'r iseldra yng Ngogledd Cymru bellach fymryn llai truenus nag ydyw yn y Deau, ac y mae'r gwahaniaeth rhwng cyflwr Cymru a chyflwr Lloegr yn fwy trawiadol nag erioed. Er hynny, ni chymerth cylchlythyr 1421 sylw o gwbl o'r ffeithiau hyn.

Ac er pan ddangosodd y cylchlythyr fe aeth y sefyllfa'n waeth a phosibilrwydd cyflawni'r gofynion yn wannach. Dangosodd golygydd y *Welsh Outlook* mor amhosibl oedd cyflawni gofynion y Bwrdd Addysg yn ardaloedd y chwareli megis Bethesda neu Lanberis neu Ben-y-groes. Dangosodd mor ychydig o bennau teuluoedd yn yr ardaloedd hynny a enillai £3 mewn wythnos a chymaint a enillai lai na £2 yr wythnos. Dechrau mis Tachwedd fe eisteddodd Syr Richard Redmayne wrth fwrdd ymholiad yng Nghaernarfon i ystyried cais gan berchnogion chwareli ym Mlaenau Ffestiniog ac yn Nyffryn Nantlle am ostyngiad o ddeg y cant yng nghyflogau chwarelwyr yn eu gwasanaeth. Dyfarnwyd bod gostwng deg ceiniog y dydd yng ngradd cyflog chwarelwr medrus a gostwng ar gyflogau gweithwyr eraill yn gyfartal. Dywedodd swyddog o undeb y chwarelwyr eu bod dan raid i dderbyn y dyfarniad er mor anfoddhaol ydoedd. Pa nifer bellach o chwarelwyr Arfon a Meirionnydd a fydd mewn ffordd i gyfarfod â gofynion newydd a chelyd y Bwrdd Canol?

Dywed y *Welsh Outlook*: Yn Whitehall nid yw'r plant hyn ond ffigurau yn eich taflenni ystadegau chwi. Yma yng Nghymru y mae'r plant hyn yn gig o'n gwaed ac yn gnawd o'n cnawd ni.

Dangosir hefyd yn yr un ysgrif mor gwbl wahanol yw amgylchiadau ac amodau bywyd y rhieni a'r plant Cymreig wrth y rhai a geir yn Lloegr. Tybed nad yw'r wers yn amlwg? Pa hyd eto y pleidleisia Cymru dros roi ei thynged yn nwylo cenedl a llywodraethwyr estron?

I ni, genedlaetholwyr Cymreig, fe erys hefyd bwynt arall ynglŷn â'r ymosodiad hwn ar yr ysgolion canol. Dywedodd Miss Kate Roberts ym Mryn-mawr, 'Gorau po leiaf o blant Cymru a ddanfonir i'r ysgolion canol, gan nad yw'r ysgolion hynny ond cyfryngau i droi Cymry yn Saeson.' Ni ellir gwadu hynny, ac nid yw'n bosibl i ni gytuno â golygydd y *Welsh Outlook* pan ymfalchïa ef yng nghyfundrefn addysg ganol Cymru a haeru bod Cymru ar y blaen i Loegr yn ei haddysg. Llwyr groes i hynny yw'r gwir. Gan Gymru y mae'r gyfundrefn addysg a'r ysgolion canol truenusaf yng ngwledydd Prydain. Gellir dweud yn fras mai amcan ysgolion canol Cymru hyd yn hyn fu paratoi plant i fynd yn athrawon i Loegr neu i fynd yn efengylwyr Seisnigrwydd ymhlith plant eraill Cymru. Ni roesant ddiwylliant i Gymru. Ni roesant addysg mewn ystyr draddodiadol nac unrhyw ystyr wirioneddol i Gymru. Eithriad erioed fu bod Cymro yn noblach dyn nac yn llai hunanol ei amcanion nac yn ddyfnach ei barch i'w wlad oblegid treulio ohono dair blynedd mewn ysgol ganol yng Nghymru. Wel, y mae'r cyfnod presennol ar yr ysgolion canol yn brysio i'w derfyn. O hyn ymlaen ni bydd ysgol ganol a choleg yn gyfle i fachgen o Gymro nac i ferch o Gymraes ddianc mor ddiogel o'i gwlad a'i bro a chael gyrfa well nag mewn chwarel neu ffatri. Ni bydd galwedigaeth athro ac athrawes yn Lloegr mwyach yn bwll diwaelod y gellir taflu iddo holl gynnyrch ysgolion canol Cymru.

Gan hynny, y mae gennym yn awr gyfle sy'n werth ymafael ynddo. Ymladdwn yn egnïol dros gadw ein hysgolion canol yn rhad ac agored i bob plentyn a ddengys gymhwyster i fynd iddynt. Ond yr un ffunud mynnwn gael chwyldroad trwyadl yn yr hyn a elwir gennym yn addysg yn yr ysgolion hynny. Gan fod y

41

cyfnod ar ben y gallant fod yn borth o Gymru i Loegr, mynnwn ninnau gipio'r siawns o'r diwedd i'w troi yn wir gyfryngau Addysg a Diwylliant. Mynnwn mai eu swydd yw gwasanaethu bro a gwlad a chenedl. Mynnwn mai cyfoethogi bywyd ysbrydol gwlad yw eu hamcan. Mynnwn mai gwareiddiad Cymru fydd yn sail dysg yr ysgolion hyn ac mai trwy borth gwareiddiad Cymru y deuir o hyd i wareiddiad Ewrop a Christnogaeth. Felly y gellir cyfiawnhau ein penderfyniad i gadw ysgolion canol yn fraint gwerin Cymru.

Cofier, os gwrthodir dadlau trostynt ar y tir hwn, y bydd yn rhaid dadlau trostynt ar sail hunan-les a mantais fydol. Ar y sail honno gwan iawn mewn amser o iseldra fydd y ddadl yn erbyn codi costau'r ysgolion a gwrthod lleoedd rhad i'r sawl a fynno fantais drwyddynt.

Y Ddraig Goch, Rhagfyr, 1932

YR oeddym yn llawen iawn o ddarllen araith Is-ganghellor Prifysgol Cymru, Mr Emrys Evans, yn llys y Brifysgol yn Abergafenni, ar fater darlledu a'r radio yng Nghymru. Gellir tystio hefyd nad yn Abergafenni'n unig y llefarodd Mr Emrys Evans yn gadarn a chlir, eithr ei fod, yn rhinwedd ei swydd o Is-ganghellor, wedi arwain Pwyllgor Ymgynghorol y Brifysgol, pan ydoedd yn *Broadcasting House* yn Llundain yr un mor sicr. Dengys y gymeradwyaeth uchel a chyffredinol a gafodd anerchiad Mr Evans gan lys y Brifysgol, sy'n cynrychioli pob rhan o Gymru gyfan, fod y wlad oll yn deffro i sylweddoli difrifwch y sefyllfa ynglŷn â darlledu yng Nghymru. Da hynny; nid yw ond hwyr bryd.

Rhaid i Gymru ddeall mai brwydr galed yw hon, a chaled fydd hi eto. Y mae'n eglur fel golau dydd i mi fod swyddogion a rheolwyr y B.B.C. yn Llundain yn bwrw mai ychydig benboethion dibwys, a lleiafrif di-gownt o bobl Cymru yn gefn iddynt, sy'n haeru ac yn maentumio hawl Cymru i'w thrin fel cenedl ac fel uned. Ni feiaf i arnynt ormod am hynny, canys ni roddes aelodau seneddol Cymru yn Llundain erioed argraff ar awdurdodau'r llywodraeth mai cenedl yn hawlio holl briod ryddid cenedl ydyw'r Cymry. Oherwydd hynny, rhaid yw i Bwyllgor Radio'r Brifysgol ddadlau o hyd gyda'r B.B.C. ar bynciau hollol elfennol, ar egwyddorion a ddylasai'n wir fod yn rhy olau-eglur iddynt fod am foment yn ddeunydd dadl; rhaid inni bwnio i'w pennau mai egwyddor sylfaenol a hanfodol, ac egwyddor na ellir ac na cheir mo'i bwrw o'r neilltu, yw hawl Cymru i'w system ddarlledu ei hunan, yn llwyr annibynnol ar bob talaith Seisnig; a bod y *Western Region* yn ddarn o draha yn gystal ag yn ddarn o fwnglera y mae'n rhaid i'r B.B.C. ei ddileu.

Dywedais fod Pwyllgor Radio'r Brifysgol yn gorfod gwneud yn Broadcasting House yr hyn y dylasai seneddwyr Cymru fod wedi ei wneud ers talm o amser yn Westminster. Y mae'r peth yn drychineb, a dyna'r prif reswm paham y daeth pethau rhwng y B.B.C. a Phwyllgor y Brifysgol, bellach yn agos i *impasse*. Y mae rheolwyr y B.B.C. yn edrych ar Gymru yn union megis y dysgodd aelodau seneddol Cymru iddynt edrych ar Gymru. Ond oherwydd ffeithiau celyd a pherygl diwylliant mewn dygn argyfwng, fe yrrwyd y Brifysgol yng Nghymru i fynnu bod Cymru i'w thrin, nid fel rhanbarth, eithr fel gwlad a chenedl. A rhoddwyd felly ar bwyllgor bychan, a phwyllgor digon cymysg, dasg sy'n dasg boliticaidd yn ei hanfod.

Dyna gnewyllyn y broblem. Dealler hyn: y mae rhesymeg o blaid y B.B.C., ac yn erbyn Pwyllgor y Brifysgol. Ni ellir yn rhesymegol honni bod Cymru'n genedl er mwyn ennill system ddarlledu annibynnol, a gwadu bod Cymru'n genedl er mwyn cadw aelodau seneddol yn Westminster a chael siawns am fân swyddau yn *Whitehall*. Os maentumiwn ni yn *Broadcasting House* mai cenedl yw Cymru, a hynny yn ein swydd fel Pwyllgor Prifysgol, yna rhaid inni hefyd yn ein swydd o Brifysgol honni'r un peth yn ein colegau, a pheri ar unwaith fod Cymraeg yn destun gorfod yn arholiad y Matricwlasiwn Cymreig. Nid oes dim arall yn rhesymegol na dim arall yn anrhydeddus. Mewn gair, y peth sy'n andwyol i gymeriad Cymru ac i enw da Cymru yn Lloegr ac mewn gwledydd eraill yw bod Cymru'n barod i ymddangos yn genedl er mwyn cael bargen dda, ac yn barod i wadu ei bod yn genedl pan fo'n fater ymgymryd â baich cyfrifoldeb ac yn fater a fo'n gofyn am nerth a dewrder.

Y mae'n iawn dwyn hyn i sylw Cymru ac i sylw'r brifysgol. Ni allant o hyn allan wadu'r egwyddor y dadleuasant drosti yn *Broadcasting House,* a rhaid iddynt gynnal yr un egwyddor o hyn ymlaen yn eu holl weithredoedd cyhoeddus. Ond beth yn awr am ddyfodol darlledu yng Nghymru? Y mae un peth yn eglur: rhaid i Gymru fynnu cael gan ei phrif awdurdodau lleol a chan ei haelodau seneddol yn *Westminster* rwystro adnewyddu trwydded y B.B.C. yn 1936 heb fod ymchwiliad trwyadl a chyhoeddus gan Gomisiwn Brenhinol i mewn i holl broblemau a hanes darlledu'r Gorfforaeth Brydeinig. Dylem ni'r Cymry daeru o blaid Comisiwn Brenhinol yn hytrach na phwyllgor ymchwil llywodraeth. Canys byddai gan Gomisiwn Brenhinol hawliau llawnach lawer a galluoedd holi ac archwilio a gwysio tystion ynghyd â manylion ariannol y gellid eu cadw oddi wrth bwyllgor adrannol. A oes gobaith deffro'r aelodau seneddol Cymreig i ymuno mewn ymgyrch ddewr a di-ildio yn Nhŷ'r Cyffredin er mwyn ennill hyn? A oes yn eu plith un dyn a heria bob rheol a herio nerth y llywodraeth a'r meinciau Seisnig oll er mwyn sicrhau yn y mater hwn hawl Cymru i gael gafael ar yr holl ffeithiau a chael gwybod am fanylion eithaf y sefyllfa? Mae'n rhaid cael cynrychiolaeth gref Gymreig ar y Comisiwn hwn. Onis ceir ni ellir ateb dros barhad yr iaith Gymraeg na diwylliant yng Nghymru.

Ond yr un mor bendant rhaid inni yng Nghymru ddweud 'na' cadarn wrth yr ychydig hynny yn ein gwlad sy'n dadlau mai'r feddyginiaeth yw cael cynrychiolydd o Gymro yn un o fwrdd rheolwyr y B.B.C. Dyma'n union y math o hawl sy'n dwyn gwarth ar Gymry yng ngolwg llywodraethwyr Lloegr. Meddai'r cynghorwr sydd uchaf ei gri o blaid hyn: Os cawn ni Gymro ar y bwrdd rheolwyr, ceir wedyn chwarae teg i Gymru. Y mae'n llwyr anghywir. A gofynnwn: Ai brysio dydd datgysylltiad yr Eglwys yng Nghymru a wnaeth Mr Lloyd George pan dderbyniodd swydd yn llywodraeth Lloegr yn 1906? Ond nid dadl ar sail profiad chwerw yn unig sydd yn erbyn y cynllun hwn, eithr dadl ar sail egwyddor. Byddai derbyn cynnig o gynrychiolydd Cymreig ar fwrdd rheolwyr y B.B.C. yn gwadu'r holl ddadl yn *Broadcasting House* mai cenedl ar wahân yw Cymru. Byddai'n un 'dyrchafiad arall i Gymro', ac unwaith eto ar draul bradychu ei wlad a'i genedl.

Na, nid oes ond un feddyginiaeth — rhaid i Gymru hawlio datgysylltiad mewn darlledu. Golyga hynny fod yn rhaid dileu siartar y B.B.C. a rhoi siarteri darlledu annibynnol i Loegr, i Sgotland, i Gymru. Dyna'r unig nod y dylem ymestyn ati. Y mae'n gwbl ymarferol, ac y mae'n gyfiawn. Os bu gwerth o gwbl yn y profiad chwerw a gawsom yn y deng mlynedd diwethaf o deyrnasiad y B.B.C. hyn yw ei brif werth, sef dysgu ohonom beryglon gormes haearnaidd bwrocratiaeth ganolog. Y Sefydliad mwyaf Seisnig a mwyaf ymerodrol yn Llundain oll yw *Broadcasting House.* Gwneud propaganda Seisnig beunyddiol yw holl amcan ei fodolaeth. Y mae'n fwy peryglus filwaith na Moscow, y mae'n gyfrwysach, y mae'n fwy llwyddiannus. Y mae holl awyrgylch y swyddfa enfawr, gyda'i rhwysg a'i chyfoeth, yn datguddio'r ysbryd annynol a lywia bolisi'r rheolwyr. Iddynt hwy nid yw Cymru ond niwsans. Y mae ei gofynion yn gwbl ddireswm, yn torri ar y cytgord peiriannol Seisnig a hyfryd a osodant hwy ar donnau'r awyr. Y mae *Brave New World* Mr Aldous Huxley i'w weld heddiw ar waith yn *Broadcasting House*, a brwydr dros wareiddiad yw'r frwydr i chwalu'r Bwrdd a rhannu ei waith a'i freintiau rhwng Sgotland a Chymru a Lloegr, er mwyn i ddynion gael rheoli peiriannau ac nid peirianwyr drefnu ffiniau cenhedloedd.

Brwydr seneddol fydd honno a brwydr boliticaidd. Yn y cyfamser rhaid i Gymru gyfan siarsio'r Brifysgol i fynnu Cymreigio swyddfeydd y B.B.C. yng Nghymru, a mynnu bod apwyntio swyddogion i'r swyddfeydd hyn yn rhan o gyfrifoldeb Cymru ei hunan drwy ei Phrifysgol. Ni all Pwyllgor y Brifysgol roi ffordd un dim ar yr egwyddorion hanfodol a osododd i lawr yn ei femorandwm. Y mae'n gwestiwn difrifol iawn, os pery'r B.B.C. yn ei gyndynrwydd presennol, pa hyd y geill Cymru ganiatáu'r mynd a dyfod diffrwyth i *Broadcasting House*.

Y Ddraig Goch, Ionawr 1935

DARN o brofiad gyntaf. Digwyddais ymweld â dosbarth o wŷr ifainc mewn ardal ddiwydiannol, ni ddywedaf ymhle, yn ddiweddar iawn. Gwŷr ifainc o gwmpas yr ugain oed oeddynt oll, rhyw ddwsin ohonynt a'r cwbl wedi bod yn y fyddin. Yr oeddynt yn darllen un o weithiau Shakespeare gyda'u hathro — dosbarth Saesneg oedd y dosbarth — ac yr oedd sôn yn y darn am dreigl y lleuad. Er mwyn rhoi cychwyn i esboniad ar y darn gofynnodd yr athro gwestiwn elfennol i agor: pa mor aml y ceir lleuad newydd? Mi gefais innau fraw ac agor-llygad syfrdan. Bu hir ddistawrwydd a phetruso ac yna mentrodd un awgrymu mai bob chwarter blwyddyn y ceir lloer newydd. Gofynnwyd yn fanwl wedyn i bob un oni wyddai ef yn wir. Nid oedd un a wyddai. Pe dywedech chwi fod y stori'n amhosib ac na fedrech ei chredu, ni feiwn i ddim arnoch. Ond y mae'n ffaith. Ac yr oeddynt yn ddynion ifainc rhagorol ac yn awyddus am ddysg.

Yn y *Times* ddoe cafwyd erthygl flaen ar newydd a gyhoeddasid yn swyddogol echdoe, sef bod dwy fil o'r meibion a ymunodd â'r fyddin dan y drefn orfod yn 1947 yn anabl i na darllen na sgrifennu o gwbl. Dywedwyd fod y fyddin yn cynnal dosbarthiadau i'w dysgu hwynt. Bechgyn deunaw oed yw'r rhain, ac o'r ardaloedd diwydiannol yn Lloegr y daw'r mwyafrif ohonynt. Wel, fe wyddoch beth yw safon y fyddin i farnu a ydyw dyn yn llythrennog neu beidio. Nid oes a wnelo sbelio ddim â'r peth. Fe gawsai'r Parchedig Tecwyn Evans wasgfa farwol pes gosodasid yn sensor am un prynhawn mewn bataliwn o fyddin Lloegr. Fe welai awdur 'Cwrs y Byd', a hyd yn oed ddarllenydd proflenni'r Faner, yn angylion goleuni fyth wedyn.

Da y dywed erthygl flaen y *Times* nad yr un peth yw bod yn anllythrennog heddiw yn Lloegr â hanner canrif yn ôl. Gellid y pryd hynny, ar derfyn y ganrif ddiwethaf, gyfarfod yn fynych â gwladwyr yn y siroedd amaethyddol mwyn yn Lloegr, hen ddynion gan amlaf, na fedrent na darllen nac ysgrifennu, ond a wyddai ar gof lu o hen ganeuon gwerin a hen chwedlau a thraddodiadau bro, a siaradai dafodiaith bur a difyr, a fedrai grefftau, a adroddai hanesion am bob tŷ yn eu hardal, a wyddai enwau pob blodeuyn gwyllt a'r llysiau cymwynasgar, hen ddynion caredig, moesgar, parod a ffraeth a diddan — ceidwaid diwylliant gwlad. Heddiw nid rhai felly yw'r anllythrennog yn Lloegr, nac ychwaith yng Nghymru, eithr meibion a merched yr ardaloedd diwydiannol, y dinasoedd a'r trefi poblog ac anferth.

A dyma'r *Economist* yr wythnos hon yn rhoi ffigurau i ddangos cylchrediad y prif bapurau newydd beunyddiol a gyhoeddir yn Llundain a chylchrediad rhai o bapurau'r Sul. Y papur sydd ar y blaen i'r holl bapurau beunyddiol yw'r *Daily Mirror* sy'n gwerthu rhagor na phedair miliwn o gopïau bob dydd. Daw'r *Daily Express* yn ail iddo. Ond tueddu i golli darllenwyr a wna'r papurau oll sy'n rhoi sylw blaen i newyddion ac adroddiadau o ddigwyddiadau politicaidd neu o bwys cymdeithasol. Ac na thybier mai papur i ferched yw'r *Daily Mirror*. Hwn yw'r papur poblogaidd ym mhob gwersyll milwrol ym Mhrydain, ac fe ddanfonir rhagor o gopïau ohono bob dydd i'r fyddin Seisnig yn yr Almaen nag a ddanfonir o unrhyw bapur arall. Bu cynnydd o un ar ddeg y cant ar gylchrediad y *Sunday Pictorial* er pan ryddhawyd papur a chynnydd sylweddol yng nghylchrediad y *News of the World* a oedd eisoes yn enfawr. Dywed yr *Economist* fod y ffeithiau hyn yn adlewyrchu'n drist ar ddemocratiaeth ac ar addysg y werin, ac yn dangos mai gwell gan y werin ddarllengar luniau a storïau am droseddau anllad a hanesion cyffrous na dim a sylwedd ynddo: 'a democracy which prefers its information potted, pictorial and spiced with sex and sensation'.

Y mae'n bwysig odiaeth fod y werin yn medru darllen a sgrifennu Saesneg. Y mae'n bwysig i Mr Aneurin Bevan ac i Mr Sherman ac i Mr Butlin a'r Bwrdd Marchnata Llaeth. Cwynodd arholwr yn ddiweddar oblegid safon enbydus y Saesneg llafar ac ysgrifenedig yng Ngholegau Hyfforddi Athrawon Cymru. Collodd caredigion diwylliant yng Nghymru nosweithiau o gwsg dros y trychineb. Wedi iddo ddadlewygu cafodd golygydd 'papur cenedlaethol Cymru' weledigaeth ar y moddion i orchfygu'r drwg. Dangosodd mai'r feddyginiaeth oedd rhoi llai o amser i'r iaith Gymraeg yn y Colegau a'r Ysgolion Uwchradd yng Nghymru. Byddai gan athrawon a disgyblion felly ragor o amser i astudio Saesneg Mr Littlewood yn ei bamffledau, a roddir yn rhad i'r werin er cof am esiampl Stephen Hughes.

Ni ddaeth i feddwl 'papur cenedlaethol Cymru' mai gormod o Saesneg yw'r rheswm bod Saesneg colegwyr Cymru cynddrwg; Saesneg y *Daily Mirror* a'r *News of the World* a'r ffilmiau llafar Americanaidd a rhaglen ysgafn y B.B.C. a phob gwers a darlith mewn ysgol ramadeg a choleg — ni ellir dianc rhag Saesneg yn yr ardaloedd poblog yng Nghymru. Ers tair cenhedlaeth a phedair bu Saesneg yn orfodol yn addysg pob plentyn yng Nghymru, a bu'r peth yn fendith anhraethadwy i'r papurau Sul a'r *pools* a'r sarsiant sy'n hyfforddi'r milwyr ifainc yn eu dril. Ni ellir gorbwysleisio gwerth Saesneg gwael. Canys angen pennaf gwladwriaeth sosialaidd ganolog yw cael proletariat sy'n naturiol ufudd a dof oblegid bod ei hacen yn estron a hithau'n deall hynny, ac oblegid bod ei hiaith yn betrus ac ansicr a hithau'n gwybod hynny. Gellir gwneud a fynner â'r fath bobl, robotiaid bach handi i'w symud o ardal i ardal fel y bydd ffatri neu bwll yn galw am ddwylo. Os teflir hwynt ar y domen, nid rhaid malio fawr, canys bydd iaith eu cwynion yn ddifyrrwch i glustiau cywrain swyddogion *Whitehall*.

Y mae'r Llywodraeth yn gwario mwy a mwy bob blwyddyn ar addysg. Ac y mae safon addysg, nid yn aros yn ei hunfan, ond yn tueddu'n bendant i fynd tuag i lawr. Rhoir yn awr addysg uwchradd i bawb, a'r canlyniad yw bod safonau addysg uwchradd mewn dygn berygl. Nid coegni ond ffaith yw dweud mai'r *Daily Mirror* a Mr Littlewood a Mr Sherman a'r Wladwriaeth ganolog sydd ar eu mantais oblegid codi oed gadael ysgol a rhoi addysg uwchradd i bawb.

Canys ni all diwylliant a diwydiannaeth fodern gyd-fyw. Y mae diwydiannaeth, boed dan drefn gyfalafol neu drefn sosialaidd, yn diddyneiddio dyn, yn lladd diwylliant sy'n ffrwyth cymdeithas sefydlog, organig, araf ei threigl. Allan o'r cyfryw gymdeithas y daeth holl ddeunydd dyneiddiol yr addysg a roir yn ein hysgolion hyd heddiw — ac y mae'r peth yn ddiystyr mewn gwareiddiad sy'n lladd y math hwnnw o gymdeithas yn gyson ym mhobman. Ac o'r herwydd nid yw ein haddysg yn yr ysgolion yn cyffwrdd â bywyd y plentyn nac yn rhan organig ohono mewn un modd, ac felly, oddieithr i'r lleiafrif eithriadol, y mae'r addysg a gyfrannwn yn ein gwareiddiad diwydiannol yn darpar ysglyfaeth sicr a diogel i'r *pools*, i'r *News of the World*, i'r dril sarsiant a chlerc y swyddfa lafur. Y mae'r bechgyn ugain oed na ddilynasant erioed rod y lleuad yn gynnyrch nodweddiadol addysg a gwareiddiad heddiw. Nid ystyriai uchelwyr Athen fod eu caethweision hwy yn ddynol. Yr ydym yn prysur symud i gyfnod eto pan fydd y gwasanaeth sifil yn cynnwys yr holl rai dynol, ac o danynt fe fydd y proletariat robotaidd yn gweithio yn ffatrïoedd eu meistri liw dydd ac yn cyplysu iddynt yn eu stafelloedd pri-ffab y nos. Diau y daw'n raddol gyfundrefn o arholiadau i ricriwtio aelodau newydd i'r dosbarth mandarin o blith y proletariat megis yn Sina gynt. Bydd hynny'n anghenrheidiol oblegid bychain fydd teuluoedd y gweision sifil. Yn wir, y mae'r peth eisoes wedi dechrau ymsefydlu.

I'r rheiny a garai roi eu bywyd i feithrin, yn y cyfryw fyd dreng, ddechrau newydd ar hen ddaear gwir ddiwylliant, ymddengys i mi nad oes ond un cyngor: ewch i'r wlad i fod yn athrawon neu'n athrawesau yn yr ysgolion gwledig. Yno'n unig, hyd y gwela' i y mae cyfle rhesymol i'r ychydig sy ganddynt alwad, ie galwad, i fod yn athrawon.

Mae'n debyg y bydd cryn sôn yn y rhifyn presennol o'r *Faner* am yr adroddiad sy newydd ei gyhoeddi ar Ddyfodol Addysg Uwchradd yng Nghymru. Ni fynnwn i ddweud dim yn awr am yr adroddiad hwn sy'n waith cyngor y bûm i'n aelod ohono. Ond gobeithiaf y bydd darllen ac astudio myfyrdodus hefyd ar gyhoeddiad arall gan y Weinyddiaeth Addysg, sef y pamffled, rhif 3, ar Addysg Wledig yng Nghymru. Mae'n debyg gennyf mai gwaith arolygwyr ysgolion adran Gymreig y Weinyddiaeth yw'r pamffled hwn. Fe'i ceir am ddeunaw ceiniog ac y mae'r llyfryn yn Saesneg a Chymraeg. Ai Syr Ifor Williams sy'n gyfrifol am y Cymreigiad? Os ie, dylid ei longyfarch. Ni ddarllenais i'r gwaith drwyddo yn Saesneg, ond y mae'r trosiad Cymraeg yn ddarn o lenyddiaeth. Cymerth y cyfieithydd weithiau ryddid i ailfeddwl paragraffau o'r gwreiddiol a chreu darn o Gymraeg sy'n gyfoethocach ddigon na'r Saesneg a oedd o'i flaen. Nid llyfr i athrawon ac arbenigwyr ar addysg mo'r pamffled hwn. Dylai pob cynghorwr sir a chynghorwr gwledig, pob offeiriad a gweinidog, pob tad plant, ei ddarllen, a phawb sy'n hitio am ddiwylliant a bywyd y gymdeithas iach. Codaf un paragraff i ddangos y math o gyfoeth a geir ynddo:

Tra cedwir i feddwl yn barhaus am dyfiant naturiol i blentyn yn nhermau bywyd iach a hapus, daw popeth a wna mewn gwaith llaw, darlunio, siarad, ysgrifennu, darllen, rhifo, y canu a'r adrodd a'r chwarae yn rhan o'r patrwm cyfan, a'r cwbl yn cyfleu diddordeb y plentyn yn ei amgylchfyd. Seilir y pethau hyn i gyd ar ei fyd bach ei hun: y bwyd a'r dillad, gwaith y fam a'r tad, yr anifeiliaid dof, yr ardd, y ffarm, dyna fyd y plentyn bach, gan amlaf, a'i ffordd o ddatblygu ydyw ail-greu'r bywyd hwn iddo'i hun ac i'w gyfeillion. Caiff gydweithio â hwy i wneud model o dŷ, gan ail-fyw gorchwylion cyffredin y teulu, ac wrth hynny, ddysgu rhigwm a chân am dŷ bach twt, aelwyd fechan lân, parlwr bychan a chwpwrdd cornel. Caiff wylio pethau'n tyfu yn yr ystafell ac yng ngardd yr ysgol, sylwi ar flodau ac adar, ac adnabod prif gymeriadau diddorol bywyd natur o'i gwmpas. Gall y plant gydweithio ar fodel o ffferm yn yr ystafell a dysgu ychydig am rithm a phatrwm gwaith y ffermwr. Difyrrwch iddynt fydd cadw rhai anifeiliaid dof a dysgu gofalu amdanynt a sylwi ar eu harferion. Bydd deunydd canu ac adrodd a chwarae yn cydio'n naturiol wrth yr ebol melyn, y ddafad gorniog, y tarw penwyn, a'r ddau gi bach.

Dywedaf fod paragraffau fel hyn yn llenyddiaeth ac yn ysbrydiaeth. Nid oes gennyf ond un pwynt o feirniadaeth ar y pamffled. Ond i mi y mae'n bwynt sylfaenol. Ceir ynddo lawer o sôn am ran y capel neu'r eglwys yn addysg y plentyn ac yn ei ymateb ef i fywyd a diwylliant ei fro; ac fe geir brawddegau fel hyn:

> Yr ysgol yn aml yw canolfan diwyllianol y cylch a thrwy ei dylanwad gellir sicrhau cydweithrediad rhwng cartref, ysgol a chapel neu eglwys — tri sefydliad a wnaeth gymaint dros ddiwylliant a bywyd bro (t. 47).

A dyna safbwynt y pamffled, sef ystyried mai sefydliad i feithrin diwylliant yw eglwys neu gapel, mai dynol yw amcan y ddau, ac mai oblegid a wnaethant dros gadw'r diwylliant gwledig Cymraeg y mae'n wiw parchu a chadw sefydliadau crefyddol Cymru. Eu rhan ym meithriniad bywyd cymdeithasol Cymreig y plentyn a ddangosir. Bid sicr, y mae'r dull hwn o feddwl am grefydd Cymru a'i sefydliadau crefyddol yn gyffredin heddiw, ac ychydig, efallai, a wêl ddim o le yn y safbwynt.

Y mae hadau marwolaeth yn yr athrawiaeth. Nid af ar ôl ei goblygiadau diwinyddol. Ni thrafodaf ychwaith siawns y fath syniad am werthoedd crefydd i ddiogelu'r gymdeithas Gymreig yn ail hanner yr ugeinfed ganrif. Ceisiaf hefyd ymgadw rhag pregethu'n ddwrdiol yn erbyn secwlariaeth y safbwynt — er bod yr athrawiaeth, i'm meddwl i, eisoes yn bradychu'r diwylliant gwledig i ddwylo'r gwleidyddion totalitaraidd. Bodlonaf yn awr ar awgrymu un pwynt yn bur foel. Addoli yw'r weithred lywodraethol ym mywyd cymdeithas Gristnogol, a'r weithred reolaidd o addoli yw'r act bwysicaf yn ffurfiant personoliaeth plentyn yn ogystal ag yn ffurfiaeth yr holl gymdeithas wledig. Ac addoli yw unig *raison d'être* bywyd crefyddol. Cynnyrch addoli — cynnyrch 'damweiniol'— yw diwylliant ac nid rhan o ddiwylliant yw addoli. Cymdeithas sy'n addoli, sydd gan hynny yn dal credo bendant: fe all y gymdeithas honno fagu plentyn yn ddyn llawn hefyd, ac fe eill hi ddatblygu diwylliant amryliw a chyfoethog, ac mi dybiaf y saif hi yn erbyn hyd yn oed ymosodiadau'r Lefiathan modern, y Wladwriaeth ddiwydiannol. Ymddengys i mi fod yn rhaid inni bellach, hyd yn oed ym mhamffledau'r Weinyddiaeth Addysg, wybod lle y safwn ar fater crefydd.

Y Faner (Cwrs y Byd), 12 Chwefror 1949

PREGETH sy gennyf heddiw — prawf o dlodi. Ond pregeth i mi fy hun gyntaf. Cwynwyd wrthyf fwy nag unwaith fod fy nodiadau a'm daroganau yn dra digalon ac nad ydynt yn gymorth yn y byd i neb i fwynhau byw. Mi geisiaf ddiwygio. Canys yn wir, peth cywilyddus yw bod yn ddigalon, hyd yn oed ar ganol oed dyn. Peth chwerthinllyd hefyd gan amlaf a rhagrith yn fynych. Mi fyddaf i'n ysmygu sigâr yn achlysurol ar ôl cinio neu ar ôl swper. A pheth cyfoglyd i'r eithaf yw bod neb sy'n smocio sigâr yn ceisio gwisgo mantell Jeremia.

Ond fe ddywed rhai fod ystyried cyflwr Cymru a'r diwylliant Cymraeg a'r genedl Gymreig yn cymell golwg ddu ar ddyn. 'Rwy'n gobeithio na bûm i ddim yn euog o ddweud hynny erioed. Annog pobl i weithredu'n effeithiol er mwyn diogelu dyfodol Cymru fu rhan go fawr o'm gwaith i. Ac ni ellir hynny heb gymryd golwg siriol ar y siawns. Bûm yn dadlau nad yw dyfodol Cymru ddim duach na dyfodol gwledydd eraill yn Ewrop, ac mai'n braint ni yng Nghymru yw cael ymladd y frwydr i achub gwareiddiad Ewrop ar ein daear ni'n hunain, ac felly gyfranogi'n llawn yn angerdd a chyfyngder ein cyfnod.

Ystum yw anobeithio. Ystum y bardd rhamantaidd sy'n gosod osgo arno'i hun, yn tynnu mantell dros ei fynwes, ac yn ymglywed yn gyhoeddus â gwae ei oes — y bardd-actor. Mae'n well gennyf i athroniaeth Dr Pangloss, ond heb ei afiechyd ef.

Peth rhagorol yw gwladgarwch. Llai na dyn yw'r dyn sy hebddo. Gŵr cymedrol a chall a ddywedodd mai melys a gweddus yw marw dros briod wlad. Gweithred resymol y gellir penderfynu arni o flaen llaw mewn gwaed oer yw hynny. Ond peth llwfr a thwp yw mynd i'r felan yn hir er mwyn gwlad neu iaith. Darllener hanes Owain Gwynedd neu Owain Fawr, yr artist o frenin, cymeriad y mae ei swyn a'i ddirgelwch yn tyfu o hyd ar ddyn. Dyma i chwi ddarn o'r stori sydd amdano yn y Brut:

> Y flwyddyn honno y goresgynnodd Howel fab Ieuaf, o dwyll, gastell Dafalwern yng Nghefeilawg. Ac o achos hynny y syrthiodd Owain Gwynedd yng nghymaint o ddolur ag na allai na thegwch teyrnas na diddanwch neb rhyw ddim arall ei arafhau na'i dynnu o'i gymeredig lid.
>
> Ac eisoes cyd cyrchai annioddefedig dristyd feddwl Owain (hynny yw, er bod tristwch mwy nag y medrai ei oddef ar feddwl Owain), disyfyd lawenydd o ragweledigaeth Duw a'i cyfodes. Canys yr unrhyw Owain a gyffroes un rhyw lu i Arwystli hyd yn Llandinam. A gwedi caffael dirfawr anrhaith ohonynt, ymgynnullo a wnaeth gwŷr Arwystli, o amgylch tri chan gŵr ynghyd â Howel fab Ieuaf eu harglwydd i ymlid yr anrhaith. A phan welas Owain ei elynion yn dyfod yn ddisyfyd, annog ei wŷr i ymladd a wnaeth, a'r gelynion a ymchwelasant ar ffo gan eu lladd o Owain a'i wŷr, onid o'r braidd y dihangodd y traean adref ar ffo.
>
> A phan gyflenwodd y llawenydd hwnnw feddwl Owain, yna y dymchwelodd ar ei gynefin ansawdd wedi ei ryddhau o'i dristwch.

Gwelwn mai troi ei dristwch yn weithred a wnaeth Owain pan gollodd ef gastell anhepgor. Fel yna y daeth iddo eilwaith iechyd meddwl, 'ei gynefin ansawdd', a llawenydd. Tro arall dywed y Brut sut y collodd y brenin ei fab Rhun. Rhoir inni ddisgrifiad hynod iawn o'r mab hwn. Rhaid imi ei dalfyrru:

Yn niwedd y flwyddyn honno y bu farw Rhun fab Owain, yn was ieuanc clodforusaf o genedl y Brytaniaid, yr hwn a fagysai fonedd ei rieni yn ardderchog . . . A phan ddaeth chwedl ei irad angau ef at ei dad Owain, ef a godded ac a dristaodd yn gymaint ag na allai dim ei hyfrydhau ef, na thegwch ei deyrnas na digrifwch na chlaear ddiddanwch gwyrda nac edrychedigaeth mawrweirthogion bethau (hynny yw, ni allai harddwch ei deyrnas, gogledd Cymru a'i mynyddoedd nac unrhyw farddoniaeth nac ymddiddan ei wyrda nac astudio pethau hardd celfyddyd crefftwyr ei dynnu o'i dristwch). Namyn Duw, rhagwelawdwr pob peth, a drugarhaodd o'i arferedig ddefod wrth genedl y Brytaniaid rhag ei cholli megis llong heb lywiawdwr arni, a gedwis iddynt Owain yn dywysog arnynt.

Canys er ymosod o dristwch annioddefol ar feddwl y tywysog (aralleiriad yw hyn), eto disyfyd lawenydd a'i dyrchafodd drwy ragweledigaeth Duw. Canys yr oedd castell a elwid y Rhwyd Grug, y buasid yn fynych yn ymladd ag ef heb dycio. A phan ddaeth gwyrda Owain a'i deulu i ymladd ag ef, ni allodd nac anian y lle na'i gadernid eu gwrthwynebu oni losged y castell . . . A phan glywodd Owain, ein tywysog ni, hynny y gollyngwyd ef oddi wrth bob dolur a phob meddwl cwynfanus, ac y daeth yn rymus i'r ansawdd a oedd arno gynt.

Felly, hyd yn oed i frenin, brenin a garai harddwch ei wlad a'i farddoniaeth a'i chelfyddydau cain yn angerddol, yr oedd colli mab yn enbytach tristwch na cholli castell pwysig i'w ddiogelwch. Pan gollodd ef ei gastell fe droes ef ei ddolur yn egni ac yn ymdrech ac yna'n fuddugoliaeth. Pan gollodd ei fab, yr oedd y golled yn rhy drom. Yr oedd cenedl y Brytaniaid mewn perygl; nid gwaeth ganddo dro amdani. Bu raid i eraill, ei arglwyddi a'i filwyr, wneud camp hollol eithriadol i'w ysgwyd ef o'i anoddun boen ac anobaith. Dyna ddangos athrylith fawr a dynol, diogel ddynol. Y mae graddau teimlad a graddau dyletswydd yn annibynnol ar ei gilydd. Pan fygythier cenedl y mae'n iawn i ddyn roi ei einioes neu ei ryddid drosti er i hynny olygu tlodi neu amddifadu ei deulu. Y pryd hynny daw hawl y genedl o flaen hawl y teulu. Ond ni all y dyn iach deimlo dros ei genedl fel y gall deimlo dros ei deulu. Nes penelin nag arddwrn ym myd y teimladau, ac yr ydys yn sicrach o fawredd Owain Gwynedd oblegid mai colli ei fab a'i llethodd ef.

Cofiaf ddarllen rai misoedd yn ôl ddyddiadur amser rhyfel 1940 André Gide, y llenor Ffrangeg mawr. Ychydig ddyddiau wedi cwymp ac ildio Ffrainc, pan oedd pob dim yn draed moch drwy'r wlad, cyfarfu ef â François Mauriac, y nofelydd. Trwy eu hoes buasai'r ddau hyn yn cymryd rhan amlwg ym mywyd cyhoeddus Ffrainc drwy'r wasg. Ymhen ychydig fe fyddai Mauriac, ac yntau'n drigain oed a chwaneg, yn aelod o'r mudiad cudd ac yn gorfod newid ei lety bob nos oblegid bod y Gestapo yn chwilio amdano. Ond dywed Gide, pan gyfarfuont, na bu dim sôn o gwbl rhyngddynt am drychineb Ffrainc na'i dyfodol na dyfodol ei llên na'i diwylliant. Am ei deulu a'i blant yn unig y bu sgwrs a holl bryder Mauriac, a Gide yn cwyno'i gyfeillion. A dywed Gide yn ei nodiad fod terfyn i'r hyn y gellir ei deimlo dros wlad a chenedl a bod trychineb yn darganfod graddau'r teimladau.

Peth drwg yn wir, mi goeliaf i, yw teimlo'n rhy ddwys dros eich gwlad. Cariad deallol, ewyllys da ddiwyro a chyson, ond ewyllys, dyna yw'r gwladgarwch iach a chryf. Ac fe ddylai'r ewyllys honno ymdroi'n weithredoedd, nid yn deimladau. Bu llawer o ddyfalu gan feirniaid llenyddol oblegid na cheir mewn barddoniaeth

Gymraeg fawr o ganu i ryfel Owain Glyndŵr. Awgrymais i yn fy *Mraslun o Hanes Llenyddiaeth* mai'r rheswm nad oedd llawer o ganu'r gwrthryfel oedd fod y beirdd wrth waith arall, gwaith pwysicach ar y pryd arbennig hwnnw, ac nad oedd ganddynt amser i ganu. Rhaid i mi gydnabod mai gwahanol yw dull beirdd Cymru heddiw. Pan fo Swyddfa Ryfel Lloegr neu'r Swyddfa Awyr yn rheibio daear Cymru ac yn alltudio tyddynwyr a ffermwyr ac yn chwalu cymdeithas, bydd *Y Faner* a phapurau eraill yn cael eu digon o sonedau a thelynegion dicllon neu delynegion trist yn chwerw ddychanu ac yn chwipio'r gormeswyr anghyf-iaith yn ddeifiol odiaeth, neu ynteu'n ffrom alaru alltudiaeth a chwaliad yr hen gymdeithas Gymraeg. Y mae'r teimlad yn angerddol yn y cerddi gwlatgar Cymreig diweddar, a gellid gwneud blodeugerdd helaeth o ganiadau protest Gwalia wen. A gaf i awgrymu i feirdd gwlad Cymru, bob tro y delo iddynt ysfa gref i sgrifennu soned wlatgar neu delyneg i ddychanu'r Swyddfa Ryfel, eu bod yn anfon dwy bunt i Gronfa Gŵyl Ddewi gyntaf neu fynd i brynu dynamit. Ni ddylid dychanu neb yn yr iaith Gymraeg ond y Cymry Cymraeg dylanwadol hynny a eill ac a fyn daro'n ôl — nid rhaid ofni, y mae digon ohonynt. Y rheswm y mae dychanu'r beirdd Cymraeg cyfoes mor ddof a bas yw ei fod yn ddiberygl a pharchus. Williams Parry yw'r unig ddychanwr Cymraeg yn ein hoes ni sy wedi brifo'n effeithiol.

Ym marddoniaeth yr Eidal, rhwng 1789 ac 1860, y ceir y canu rhamantaidd gwlatgar gorau a glywodd Ewrop, er bod beirniaid Eidaleg diweddar, yn ôl a ddeallaf, yn dal fod gormod lawer o bwysleisio mewn gwledydd y tu allan i'r Eidal ar yr elfennau rhamantaidd yng nghanu'r Risorgimento. Beth bynnag am hynny, bywyd o antur, o berygl, o garchar ac erlid ac alltudiaeth a thlodi a siawns a marw sydyn, oedd bywyd beirdd gwladgarol mawr yr Eidal. Barddoniaeth hyder yw eu canu a barddoniaeth ddychan gostus a pheryglus. Cawsom ninnau mewn cerddi ac anerchiadau yn y blynyddoedd diweddar hyn ormod o farw-nadu'r genedl Gymreig a'r iaith Gymraeg; hynny sy'n afiach. Y mae ef hefyd yn anwlatgar ac yn ymylu ar frad. Oblegid ei effaith ymarferol yw rhoi ar y genhedlaeth ifanc, ar athrylith y dyfodol, ar etifeddion y genedl, yr argraff na bydd iddynt hwy na phriod iaith nac ymadrodd na dim o olud y gorffennol, ac felly mai ofer iddynt fwriadu dim 'a fo golud iddynt, hyglod yng ngolwg y byd, a chymeradwy ger bron Duw'.

Y mae gan yr iaith Gymraeg gystal cyfle â'r mwyafrif o ieithoedd Ewrop i fod yn iaith lafar fyw a chyfoethog ac yn iaith lenyddol ir a hoyw yn yr unfed ganrif ar hugain. Yr oedd sant enwog o'r Eglwys Gatholig wrthi mewn cwmni unwaith yn chwarae cardiau, ac ar ganol y chwarae gofynnodd un o'i gymdeithion iddo: 'Beth a wnaech chwi pe rhoid gwybod yn awr fod dydd y farn i ddyfod yfory?' A'i ateb ef oedd: 'Mynd ymlaen â'r gêm'. Dywedaf innau, ymlaen â'r gêm, feirdd a llenorion ifainc Cymru, canys y mae'n ddiogel gennyf 'nad unrhyw genedl arall amgen na hon o'r Cymry, nac unrhyw iaith arall, ar ddydd y farn dostlem gerbron y Barnwr Goruchaf, a fydd yn ateb dros y cornelyn hwn o'r ddaear'. Fe'i cariwn hi, heibio i'r cyfnod diwydiannol, heibio i'r bom atom, heibio i gwymp llywod-raeth gomwnyddol Unol Daleithiau'r Amerig, ond inni ei charu, nid â dagrau barddonllyd, ond â rheswm ac ewyllys a chwerthin i herio brad, ac fe'i rhown yn ôl i Daliesin dan ganu:

> A'r rhai ni fföynt haeach
> A oeddynt hyach no rhaid.

Y Faner, 18 Mawrth 1949

BÛM yn darllen llyfryn a gyhoeddwyd (ychydig fisoedd yn ôl) gan adran Seisnig y Weinyddiaeth Addysg, *Story of a School, A Headmaster's experiences with children aged seven to eleven,* H.M.S. Office, 1/-. Byddai'n dda gennyf pe gellid cyhoeddi'r pamffled hwn yn Gymraeg. Ymddengys i mi fod rhagor o angen am ei genadwri yng Nghymru nag yn Lloegr. Gall ei gynnwys, mi obeithiaf, fod o ddiddordeb a budd i athrawon ysgolion bychain gwledig Cymreig a Chymraeg. *Crown Copyright Reserved* meddir ar ei wyneb-dalen; braidd na'm temtir i roi'r pamffled oll yn gyfan i'm darllenwyr. Ond os mentraf gyfieithu paragraffau ohono a chrynhoi cynnwys ei benodau, efallai y bydd hynny'n foddion i yrru rhai athrawon a rhai rhieni i holi am y llyfryn.

Mr A.L. Stone yw'r ysgolfeistr a'r awdur. Penodwyd ef yn 1940, yng nghanol rhyfel, yn ben ar ysgol gynradd Stewart Street, Birmingham. Y mae'r ysgol mewn ardal ddigalon. Yr oedd yn fwy digalon yn 1940 canys bomiwyd y ddinas ac ychydig o dai'r ardal a safai a'u ffenestri'n gyfan. Strydoedd gefn-gefn â'i gilydd, heb ystafell ymolchi yn nemor un, na gardd na gwelltyn glas ar eu cyfyl. Ffatrïoedd a gweithdai ar bob llaw i'r ysgol; nid oedd na pharc na lle i'r plant chwarae ond ar lawr sment yr ysgol hagr ac yn y strydoedd tlodion a llwyd. *Stark ugliness,* 'hacrwch llwm', yw gair Mr Stone am holl amgylchedd bywyd y plant ac amgylchedd eu hysgol. Yn y cwbl oll a oedd gynefin iddynt nid oedd un dim a roddai iddynt awgrym o geinder neu harddwch, ac er hynny oll:

> y ffaith ryfedd iawn yw bod y plant hyn, pan gawsant gennad a chyfle i roi mynegiant rhydd i'w meddwl a'u teimlad drwy offer neu gyfryngau a gynigiwyd iddynt, wedi creu pethau cain a phrydferth . . . Y ffaith amlwg yw bod y plant hyn, heb fawr o ddeall ymwybodol o'r hyn sy'n brydferth, yn medru — a'r medr hwnnw yn briod etifeddiaeth iddynt — creu gwir brydferthwch drwy gyfrwng holl offer a defnyddiau'r crefftau cain.

Nid darganfod newydd mo hyn. Fe'i profwyd gan athro enwog yn Fienna hanner canrif yn ôl. Ond cyndyn a chreulon a haearnaidd yr erys y traddodiad mai dysgu darllen a sgrifennu a rhifo yw gorchwyl plentyn hyd at un ar ddeg oed, traddodiad y grefft o ladd dychymyg a difa dawn a tharfu athrylith a mygu plentyndod. Ac y mae'r peth yn fwy na chyffredin yn ysgolion Cymru heddiw.

A gaf i awgrymu yn y fan hon y dylai rhieni ac athrawon yn yr ardaloedd diwydiannol a phoblog yng Nghymru roi sylw craff i broblem anllywodraeth plant anystywallt a di-drefn, plant sy'n herio disgyblaeth, yn mynd yn wyllt, yn cyflawni troseddau, yn torri i dai ac yn berygl i blant eraill. Dywedir yn aml mai diffyg trefn yn y cartref neu ddiflaniad dylanwad y capel neu'r eglwys sy'n cyfrif am y peth.

Awgrymaf fod achos arall hefyd. Heddiw y mae holl ddifyrrwch plant yr ardaloedd poblog yn ddifyrrwch sy'n gofyn iddynt hwy eistedd yn llonydd i'w dderbyn. Peth a roir iddynt i'w weld a'i flasu dan eistedd yw'r sinema yr ânt iddo ddwywaith neu deirgwaith yr wythnos. Yn y cartref eisteddant wedyn i wrando ar y radio ar helyntion Gari Tryfan neu Ddic Barton. Yn yr ysgolion gelwir fwyfwy am bob math o *visual aids* i helpu dysgu a difyrru'r un pryd. Mewn byd technegol, edrych a gwrando a derbyn yn oddefol yw swydd a gorchwyl plentyn. Ac ar ben hynny bydd athrawon gannoedd yn ymroi oriau meithion i ddysgu pethau iddo — derbyn eto.

Beth yw'r canlyniad? Trech nwyd a natur na thechneg: mae'n rhaid i reddf y plentyn am wneud, am weithredu, am lunio pethau, dorri allan — yn y dull gorau y gall, ac os dangosodd y sinema a'r radio iddo mai dull y gwylliad yw'r dull herfeiddiol, rhamantus, peryglus, byw, naturiol iddo yntau gymryd at y dull hwnnw. Nyni, nid y plant, sy'n gyfrifol am y pla peryglus sydd ar gynnydd ac a eilw'r Saeson yn *juvenile delinquency*. Ein haddysg a'n gwareiddiad ni sy'n ei greu.

Na thybied neb ychwaith mai cau'r sinemâu neu wahardd radio i blant yw'r feddyginiaeth. Gormod o wahardd a chau sydd yn ein cymdeithas ni. Nid yw addysg grefyddol orfodol yn yr ysgolion yn rhwymedig ychwaith — ychwaneg o dywallt gwybodaeth (amherthnasol hollol i grefydd) yw hynny gan mwyaf. Nage, y mae rhan o'r feddyginiaeth yn llyfr Mr Stone.

A wnaeth Mr Stone oedd gosod hoffter greddfol y plentyn at wneud pethau a llunio pethau a lliwio pethau yn sylfaen addysg ei ysgol. Darostyngwyd darllen a sgrifennu a rhifo i fod yn iswasanaethol i'r ysfa am greu.

Dechreuodd gyda dawnsio. Darganfu cyn hir nad yw dawnsio gwerin ffurfiol, dysgu hen ddawnsiau gwlad, ddim yn offeryn cymwys i'r plant lleiaf. Nid ydyw'n deffro dychymyg nac yn symbylu'r meddwl i lunio mynegiant drwy ystum. Aeth ati i ddweud straeon hanes wrth y plant a'u cael hwynt i actio'r straeon hynny heb eiriau, drwy weithred ac ystum. Tyfodd hynny'n ddawns a meim. Meimiwyd a dawnsiwyd hanes Lloegr a'r Saeson. Yna rhoddwyd clai i'r plant, digon o glai; a gadael iddynt wneud o'r clai y dodrefn a fynnent ar gyfer eu meim a'u dawns. Pan feimiai'r plant hŷn hen hanesion y Saeson, gwelodd yr athrawon eu bod yn dwyn eu meim gyda hwynt wedyn i'r iard chwarae ac yn ymladd y brwydrau yno, a hynny'n go giaidd. Gan hynny, symbylwyd hwynt gan yr athrawon i feimio a dawnsio'r brwydrau yn yr ysgol fel rhan o'r 'wers'. Bob yn dipyn diflannodd paffio a chwffio a phob bwystfileiddiwch o iard yr ysgol ac o fywyd cymdeithasol y plant.

Nid oes gennyf ofod i drafod method yr addysg yma. Amlwg oddi wrth baragraffau Mr Stone fod y paratoi ar ran yr athrawon yn drwyadl a bod techneg enwog Rudolph Laban yn cyfrif yn y ddisgyblaeth. Dylid rhybuddio athrawon nad dihangfa i'r diogyn mo'r dull hwn o addysgu. Yn groes i hynny: y ffordd rwydd, ddiog yw clymu'r plant wrth eu desgiau a dysgu rhifo a darllen ac adrodd iddynt fel y bydd morwr meddw yn dysgu i'w berot regi, yn rhwydd ddiorchest. Ond rhaid imi gyfieithu rhan o baragraff pwysig sy'n trafod canlyniadau'r ddisgyblaeth:

> Am gyfnod buom yn meddwl fod ein plant yn symud yn rhwyddach, yn fwy gosgeiddig, gan ddangos rhagor o hunanhyder, drwy gydol diwrnod ysgol. Sylwasom eu bod yn ymddiddan gyda ni'r athrawon yn rhwyddach ac yn fwy agored na chynt. Ai oblegid cyfarwyddo â ni a dysgu ohonynt ein hadnabod? Ai oblegid ein bod wedi agor ffordd iddynt i flasu profiadau yr oedd ganddynt bleser eu hunain ynddynt? Ai ynteu oblegid bod yr ysgol yn troi yn dŷ llawenydd iddynt? Ond sylwasom ymhen y rhawg

hefyd eu bod yn ymddiddan yn rhwydd a hapus hefyd gyda dieithriaid ac ymwelwyr a ddôi i weld yr ysgol. Yr oedd hen ofnau ac atalnwydau wedi eu bwrw ymaith.

Disgrifia Mr Stone wersi crefyddol a ddylai fod yn ddiddorol i athrawon ysgolion Sul Cymraeg:

> Yn y meimiau hyn y darganfuasom allu rhyfeddol plant i sylweddoli byd y dychymyg . . . Wrth feimio bywyd ein Harglwydd ni ar y ddaear, ni chymerai neb fyth gymeriad neu berson Crist ei hun. Dychmygid ei fod yno gyda ni, yn cerdded ymhlith y plant, a symudent hwythau o'r ffordd yn naturiol iddo fynd heibio. Ar ôl meim y Bregeth ar y Mynydd, chwaraewyd rhan Pedr gan hogyn digon hoyw, a'i ran ef oedd perswadio ei Feistr i gymryd seibiant. Yr oedd rhyw brydferthwch trawiadol yn y modd y cymerth y bachgen direidus hwn afael ym mraich dychmygol ei Arglwydd a'i dywys yn dawel i lawr hyd neuadd yr ysgol, gan siarad wrtho gyda didwylledd a chywirdeb argyhoeddiad . . . Yn y Croeshoeliad, dychmygu'r tri ffigur ar y tair croes a wnaed, ac fe fu'n hawdd i ninnau a edrychai arnynt weld y Croeshoeliedig yno gan mor fyw oedd meimwyr y dorf a'r milwyr. Yr oedd y peth mor fyw fel yr ofnem adael iddynt fynd yn rhy bell.

Daeth adeg ac oed y dymunai'r plant gyfoethogi'r meim â geiriau. Ar y cychwyn bodlonent ar ebychiadau a brawddegau byrion. Cyn hir tyfodd y rhain yn ymsonau, a hawdd wedyn oedd cymysgu'r ymsonau yn ddialogau dramatig:

> Pan ddaeth hi i hyn byddwn innau'n awgrymu i'r dosbarth mai peth da fyddai dychwelyd at y desgiau er mwyn sgrifennu ar lyfrau yr areithiau a wnâi pob meimiwr yn ei dro. Dywedais wrthynt nad oedd ods o gwbl am gamgymeriadau sbelio, y peth mawr oedd fod ganddynt hwy ar gadw bob un ei gyfraniad i'r ddrama.

Tua deg oed oedd y plant hyn. Fe welwch eu bod yn dysgu sgrifennu er mwyn cyfoethogi eu gwaith creadigol, nid fel tasg neu gamp annibynnol. Felly hefyd ddarllen a llenyddiaeth:

> Yn y fan hon awgrymais i i'r dosbarth, gan mai meimio straeon a gymerasid allan o lenyddiaeth yr oeddem, y gellid cael darnau o ddialog ac awgrymiadau am eraill allan o'r llyfrau a gynhwysai'r storïau. Felly pan feimiwyd Peter Pan yr oedd pob copi o lyfr Barrie, yn yr ysgol ac yn y llyfrgell gyhoeddus leol, wedi ei fenthyca. Pan wnaem act o ddigwyddiadau yn hanes Crist, yr oedd y plant mor awyddus i gael araith neu ddywediad priodol fel yr anfonodd y llyfrgellydd lleol lythyr ataf yn gofyn pam yr oedd holl blant y lle yn dyfod i erchi Beiblau. Bu cymaint o alw am Feiblau fel y cipiwyd pob un copi ysgol hen-ffasiwn gyda chloriau duon a phrint mân ac aed â hwynt i gartrefi'r plant, a mawr y prisio arnynt. Ar ôl hyn yr oedd yn rhaid imi fod yn ofalus iawn wrth adrodd hanesion o'r Beibl wrthynt: cywirent fi ar unwaith os camleolwn i unrhyw ran o stori.

Y mae addysgwyr Seisnig ers tro yn rhoi pwys mawr ar yr hyn a alwant hwy yn *speech training* sef cywiro ynganiad plant. Diddorol a gwerthfawr yw'r hyn a ddywed Mr Stone ar y pwnc ac ar y moddion priodol i feithrin cywirdeb ynganiad:

> Ceisiais ddatblygu adrodd mewn côr. Darllenasom amryw ddarnau o farddoniaeth a rhyddiaith i'r pwrpas. Ond prennaidd a marw oedd y cynnyrch; dehongliad yr athro a roddid ar y dyfyniadau, nid gwerthfawrogiad na deall y plant. Bychan oedd y budd . . . Cefais hefyd nad oedd fawr o elw o gywiro ynganiad fel gwers ffurfiol. Ond pan lefarai'r

plant bach hyn, wrth feimio ac actio, dan wres teimlad a diddordeb creadigol, yna yr oedd eu llafar yn glir ac yn bersain. Derbynient gywiriad yn rhwydd wrth fynd ymlaen, a daeth ynganiad cywir ac acen hyfryd yn hawdd wrth godi ar hyd yr ysgol heb wneud gorchest o'r peth. Chwaraeem ag acenion, gan ddynwared acen pobl Llundain, acen y Cymry, acen datgeiniad newyddion y B.B.C. Synnem at ddawn dynwared y plant a chyflymder eu clust. Weithiau ymroem yn hwylus i siarad gydag acen frasaf y dafodiaith leol. Buan y daeth y plant i fwynhau'r cwbl, a thyfodd safon o ynganu cwrtais a didramgwydd yn naturiol iddynt.

Dylai hyn fod o ddiddordeb i brifathrawon yr ysgolion modern Cymreig a fu'n trafod y problemau hyn gyda mi flwyddyn yn ôl yn ysgol haf Wrecsam. Ni wyddwn i'r pryd hynny fod y rhan fwyaf o'r awgrymiadau a gynigiwyd wedi eu profi'n effeithiol yn ysgol Mr Stone yn Birmingham. Da gennyf hefyd weld fod yr athro hwn yn gosod ysgrifennu yn iswasanaethol i ymadroddi a llafar rhwydd:

Yr oedd llawysgrif y plant yn y dosbarthiadau uchaf yn rhedeg yn rhwydd ac yn llyfn. Sgrifennai'r plant â phensil bob amser hyd onid oedd pob un yn gwbl hyderus wrth ddefnyddio pin ac inc, wedi eu harfer yn hir wrth baentio neu ddarlunio. Credaf i fod ysgrifennu meddyliau ar bapur yn aml yn atal llif y dychymyg a'n bod ni'n disgwyl i'r plentyn ei fynegi ei hun ar bapur yn llawer rhy gynnar.

Ni thrafodais ond hanner y pamffled. Y mae'r penodau ar baentio a llunio clai yn llawn mor fuddiol a phwysig. Cynnyrch meddwl diwydiannol y ganrif ddiwethaf yw traddodiad addysg ein hysgolion cynradd. Y mae'n andwyol i ddiwylliant bro. Gallem ddysgu llawer oddi wrth bobl anwar yr Affrig am y modd priodol i ddysgu ffeithiau rhyw i fechgyn a merched yn eu llencyndod. Gallem ddysgu eu trin fel pethau cysegredig. Gallem ddysgu elfennau addysg gynradd oddi wrth gymdeithasau gwledig a thyddynwyr anllythrennog ond tra diwylliedig Canada'r Ffrancwyr neu'r Eidal neu Awstriaid. Celfyddyd a dawns a simbol yw cyfryngau priodol addysg i blant bychain — nid arholiadau nac *intelligence tests* bondigrybwyll.

Y Faner (Cwrs y Byd), 21 Hydref 1949

CYHOEDDWYD adroddiadau terfynol Comisiwn y Brifysgol yn llyfr Cymraeg. Ceir ynddo ddau adroddiad, y cyntaf 'o blaid creu pedair prifysgol' a'r ail 'o blaid Prifysgol Cymru'. Pleidleisiodd Llys y Brifysgol ar yr adroddiadau hyn wedi hir brynhawn o ddadlau brwd. Cafwyd mwyafrif cryf o blaid cadw Prifysgol Cymru. Bu wedyn ysgrifennu i'r wasg Saesneg gan gynrychiolwyr o'r ddwy blaid. Trosglwyddodd y Prifathro Thomas Parry y ddadl i'r Gymraeg mewn cyfres o erthyglau yn y *Faner*. Ymosododd y Prifathro'n llym yn yr ysgrifau hyn ar Ail Adroddiad y Comisiwn. Traethodd yn bendant — ac yn groes i ddaliadau'r Ail Adroddiad — ar hanes colegau a Phrifysgol Cymru. Y rhan hanesiol hon o'i ysgrifau ef yw'r rhan wannaf; y mae'n gadael allan gryn lawer. Nid arwyddodd y Prifathro mo Adroddiad Cyntaf y Comisiwn, ond yn ei erthyglau y mae'n dadlau i'r unrhyw berwyl ac yn cefnogi'r un argymhellion. Gellir casglu fod ganddo ran o leiaf yn eu ffurfio. Ymosod ar yr Ail Adroddiad — yr adroddiad a gafodd gefnogaeth y Llys — a wnaeth ef. Ni bu ganddo feirniadaeth o gwbl ar yr Adroddiad Cyntaf. Gan iddo beidio â'i arwyddo y mae hynny braidd yn od.

Ystyriwn bwynt neu ddau yn yr Adroddiad Cyntaf. Ni cheir ynddo ond y dim lleiaf o'r hyn a eilw Dr Parry yn 'apêl at hanes,' a phan geir, wel, dyma esiampl:

> Y mae rhai tystion wedi awgrymu fod y teitl 'Coleg Prifysgol' yn cyfleu statws israddol. Dywedodd un gŵr profiadol, aelod o'r staff academig ers blynyddoedd, fod sefydliad yn cael ei alw yn 'Goleg Prifysgol' pan sefydlir ef, a bod hynny'n golygu nad oes iddo statws Prifysgol, ei fod yn cael ei reoli o'r tu allan a chydag eithriad, nid yw'n cael rhoi ei raddau ei hun. Aeth y tyst hwn rhagddo i ddadlau fod dal i alw'r sefydliadau sydd yn Aberystwyth, Bangor, Caerdydd ac Abertawe yn 'Golegau Prifysgol' yn tueddu i greu'r argraff ym meddyliau pobl yn gyffredinol nad yw'r sefydliadau hyn ddim wedi ymddyrchafu o safle gynnar eu datblygiad, ac nad ydynt yn haeddu statws prifysgol lawn.

Gwir nad yw'r Adroddiad Cyntaf yn llwyr gytuno â'r datganiad uchod, ond — mewn trafodaeth fer — y mae'n ei ddyfynnu'n helaeth heb awgrym o feirniadaeth, heb awgrym fod hanes Prifysgol Cymru a'i datblygiad yn llwyr wahanol i hanes datblygiad prifysgolion taleithiol dinasoedd diwydiannol Lloegr. Y mae peidio â gwybod hanes sefydliad na chefndir ei dwf yn anfantais pan fo'r sefydliad hwnnw'n brifysgol. Oblegid y mae traddodiad a'r ymwybod â thraddodiad ac ymdeimlo â thraddodiad yn elfennau hanfodol yn addysg prifysgol ac yn ei chymeriad hi a'i hawyrgylch a'i dylanwad hi ar efrydwyr.

Ac y mae sôn am yr argraff ar 'bobl yn gyffredinol' yn dangos yn ddigri eglur mai Saeson Lloegr yn unig sy'n 'bobl yn gyffredinol'. Mae'n deg dweud mai safbwynt 'pobl yn gyffredinol', hynny yw, Saeson sy'n chwilio am swyddi prifysgol, yw safbwynt yr Adroddiad Cyntaf, a bod unrhyw odrwydd anseisnig a gaffont wedi dyfod i Brifysgol Cymru yn ddiflastod go annymunol: gorau po gyntaf y delo pethau i drefn.

Nid hynny'n unig chwaith. Cael pedair prifysgol daleithiol Seisnig yng Nghymru yw nod a delfryd yr Adroddiad Cyntaf. Darllener paragraff 21 a cheir y peth yn glir a chryno:

Wrth argymell creu pedair Prifysgol yr ydym yn rhagdybio y byddai pob un ohonynt yn cymryd enw'r dref neu'r ddinas y mae ynddi yn hytrach nag enw rhanbarth, ac y darperid yn Siarter pob Prifysgol newydd iddi gael ei llywodraethu gan Lys a Chyngor yn cynnwys cynrychiolwyr o'r Awdurdodau Addysg lleol a lleygwyr eraill a chanddynt ddiddordeb mewn addysg brifysgol, yn ogystal â chynrychiolwyr Senedd y Brifysgol, ac y byddent oll yn chwarae eu rhan ym materion y Brifysgol. Byddai pob Prifysgol felly mewn cyswllt agos â'r gymdeithas o'i hamgylch, ac ar yr un pryd byddai barn academig yn cael ei chynrychioli'n deg yn ei llywodraeth.

Dyno fo i'r dim, pethau'n dod i drefn yn neis a 'phobl yn gyffredinol' yn Leeds a Southampton, *this imperial race,* yn estyn ei ffiniau'n hyfryd hapus. Y mae *provincial* gymaint neisiach gair na *national.*

Mae'n canlyn wrth gwrs fod yr Adroddiad Cyntaf (ac ysywaeth y Dr Thomas Parry yntau) yn awyddus iawn i grogi Llys Prifysgol Cymru. Y mae Dr Parry'n bur ddirmygus ohono, yn enwedig ar ôl y cyfarfod diwethaf. Ni thybiaf am funud fod Dr Parry yn cytuno â dadl wrth-Gymreig yr Adroddiad Cyntaf. Byddai'r dyfyniad a ganlyn yn ddigon i egluro pam nad arwyddodd Dr Parry yr adroddiad:

Y mae'n amlwg fod llawer o'r rhai sy'n cefnogi'r gyfundrefn ffederal yn gwneud hynny oherwydd eu bod yn credu ei bod yn bosibl i'r Brifysgol ffederal fod yn foddion i warchod y diwylliant Cymreig a chyfrannu at y bywyd cenedlaethol, a hynny'n fwy effeithiol na phedair prifysgol annibynnol. Ond yr ydym ni'n credu, ar y llaw arall, fod ffyniant prifysgol yn dibynnu ar ei safle academig a'i heffeithiolrwydd, ac y buasai pedair prifysgol yn gwasanaethu Cymru yn well ym mhob ystyr.

Sôn am yr artist yn Philistia! Dyma Philistiaeth noeth gyda'i sôn am 'effeithiolrwydd' prifysgol, ac y mae tri phrifathro yn arwyddo'r ddogfen, dau ohonynt wedi eu penodi'n hynod ddiweddar. A ddywedai unrhyw brifathro yn Rhydychen neu yn Berlin nad yw'n rhan o swydd prifysgol warchod y diwylliant a chyfrannu at y bywyd cenedlaethol? O angenrheidrwydd y mae'r ddau adroddiad fel ei gilydd yn ddogfennau politicaidd, ond y mae egwyddorion politicaidd yr Adroddiad Cyntaf yn dangos yn eglur y tueddiadau sy'n rheoli heddiw yng ngholegau Prifysgol Cymru. Y mae yn gadarn wrth-Gymreig.

Mewn un peth, yn fy marn i, y mae'r Adroddiad Cyntaf yn rhagori ar yr Ail. Mae gan ei awduron brofiad manylach o waith gweinyddol penaethiaid prifysgol ac o'r peirianwaith; gan hynny y mae eu trafodaeth ar broblemau gweinyddol addysg brifysgol yng Nghymru yn haeddu pob sylw. Felly hefyd y rhan orau o lawer o erthyglau Dr Thomas Parry yw'r rhan olaf sy'n ateb beirniadaeth yr Ail Adroddiad ar y cynnig i sefydlu, gyda phedair prifysgol, Gyngor Cyffredin Prifysgolion Cymru.

Yn fras, cyngor i gymryd lle Llys y Brifysgol fyddai hwn, ateb i'r gŵyn fod y cynllun yn wrthgenedlaethol. Dyma'r pridd a daflodd Fyrsil i gropa Cerberws i'w ddyhuddo:

Estynnodd fy Nhywysydd yntau'i fysedd,
Gan wasgu'r pridd, cymeryd llawn ddyrneidiau,
A lluchio'r baw a wnaeth i'r gwancus berfedd.

Lleygwyr sy'n rheoli Llys y Brifysgol. Crefftwyr, y gwŷr wrth gerdd academig, fyddai'n rheoli'r Cyngor. Y mae Llys y Brifysgol yn gorff heb ddylanwad effeithiol o gwbl ar golegau'r Brifysgol. Byddai'r Cyngor yn gorff a allai fod yn ddylanwadol ac y mae'r Adroddiad Cyntaf yn manylu ar ei orchwylion a'i swyddogaeth a'i gyfansoddiad a'i bosibiliadau. Yn yr adrannau hyn y ceir gorau gwaith ymennydd yr Adroddiad Cyntaf. Tybed nad oedd gan Dr Thomas Parry ran yn y llunio? Cytunaf ag ef na ddylid mo'i droi heibio'n ddiystyrus.

Ond Dr Parry ei hunan sy'n dweud:

> Prin fod angen i mi atgoffa'r sawl a ysgrifennodd yr Ail Adroddiad fod awdurdod unrhyw gorff yn dibynnu ar y gwŷr sy'n aelodau ohono.

A phwy, atolwg, fyddai'n aelodau llywodraethol yn y Cyngor newydd hwn a sefydlid — efallai — yn wirfoddol wedi difodi Llys y Brifysgol ac wedi sefydlu pedair prifysgol daleithiol Seisnig yng Nghymru? Wel, awduron yr Adroddiad Cyntaf wrth gwrs. A dyna awgrymu'r maint o awdurdod a roddid iddo. Gan hynny y mae Dr Parry yn y *Faner* yn awgrymu sefydlu'r Cyngor drwy roi iddo Siarter Brenhinol. Nid oes air am ddim o'r fath yn yr Adroddiad Cyntaf. Y mae awgrym Dr Parry yn dra, dra phwysig. Canys oni sefydlid y Cyngor drwy Siarter yr un pryd ag y sefydlid y pedair prifysgol daleithiol, a'i wneud yn rhan annatod o'r gyfundrefn brifysgolion Gymreig, mae'n gwbl amheus a sefydlid ef o gwbl. Nid gwŷr awyddus am godi sefydliadau cenedlaethol Cymreig a arwyddodd yr Adroddiad Cyntaf.

Nid wyf i'n un o'r rheini sy'n fodlon ar Brifysgol Cymru fel y mae. Yn amgylchiadau heddiw pe troid y pedwar coleg yn bedair prifysgol annibynnol byddai'n derfyn ar unrhyw obaith o gwbl am gael coleg Cymraeg yn rhan o'r gyfundrefn. Ac i mi, dyna'r gwelliant cyntaf oll y dylid ei geisio. Gwn yn dda nad oes neb un o ddylanwad ym Mhrifysgol Cymru yn barnu'n gyffelyb. Ni ddymunwn innau o'r herwydd rwystro unrhyw ddatblygiad yn y gyfundrefn brifysgol yng Nghymru. Nid wyf yn meddwl fod un brifysgol ffederal yn sefydliad y mae'n rhaid iddo barhau 'tra môr yn fur i'r bur hoff bau'. A gaf i felly awgrymu i Lys y Brifysgol ac i Gynghorau'r pedwar coleg mai'r modd effeithiol i roi cychwyn i'r gwelliannau y mae Comisiwn y Brifysgol yn eu dymuno fyddai rhoi praw ar ffurfio Cyngor Cyffredin Colegau Prifysgol Cymru yn awr yn Gyngor gwirfoddol ac ymgynghorol i gychwyn ar y gwaith a amlinellir yn adroddiad mwyafrif y Comisiwn. Yna, wedi pedair neu bum mlynedd o brofi ac arbrofi gallai ymsefydlu a thyfu ac ymffurfio'n gnewyllyn i gyfundrefn o Brifysgolion Cymru a llunio Siarter neu Siarteri Brenhinol ar bwys y profiad. Byddai hynny'n llawer mwy ymarferol a buddiol na gofyn am Gomisiwn Brenhinol i archwilio sefyllfa'r Brifysgol.

A gaf i ddychwelyd eto'n fyr at ddau Adroddiad y Comisiwn. Mae'r Ail Adroddiad yn frwd Gymreig ac y mae calon Cymro yn llosgi dipyn wrth ei ddarllen a'i gydymdeimlad oll o'i blaid. Mae'r Adroddiad Cyntaf yn oer a dideimlad, braidd yn hurt, yn debyg i waith clercod gwasanaeth sifil estron. Ac er hynny — 'rwy'n ei ddweud gyda gofid — y mae'r Adroddiad Cyntaf yn fwy rhesymegol na'r Ail. Canys nid sefydliadau Cymreig ydyw Colegau Prifysgol

Cymru. Nid ydynt heddiw ond prifysgolion taleithiol Seisnig, *provincial universities*, ac yn fwy *provincial* nag unrhyw brifysgol yn Lloegr. Yn ei lyfr, *Fly and the Fly-Bottle*, dywed Ved Mehta am athronydd disgleiriaf ac enwocaf Rhydychen heddiw, sef Mr P. F. Strawson, iddo fod am dro yn ystod y rhyfel yn dysgu yn un o golegau Cymru, a dyma ei brofiad ef:

I didn't know what provincialism was until I got there.

A dyna'r gwir, caswir, ond gwir.

Y mae Llys y Brifysgol yn ei gyfarfod diwethaf yn galw'n daer am gynnal undod ein 'prifysgol genedlaethol'. Anwiredd a nonsens. Y mae Cynghorau'r Colegau'n apwyntio prifathrawon na wyddant odid ddim am Gymru nac am hanes ei haddysg na'i diwylliant, prifathrawon sy'n ymroi wedi byr fisoedd yn eu swyddi i ddarnio'r Brifysgol y gosodir hwynt yn is-gangellorion ynddi. Buwyd ers chwarter canrif yn ymegnïo'n ddyfal yng Ngholeg Bangor i apwyntio mwyafrif o Saeson ar y staff rhag ofn i neb hawlio troi'r coleg hwnnw yn y rhan Gymreiciaf o Gymru yn Goleg Cymraeg. Y canlyniad yw bod nifer o aelodau Senedd Coleg Bangor yn haeru 'fod teitlau'r Colegau yn rhwystr i sicrhau staff a myfyrwyr o'r fath orau' (t. 12). Y mae'r peth yn chwerw chwerthinllyd: '*I didn't know what provincialism was till I got there.*' Gonestrwydd yw gelyn *provincialism*. Nid yw'n bosibl i Brifysgol Cymru dyfu'n onest. Oblegid tyfu'n onest fyddai tyfu'n Gymreig a Chymraeg.

Barn, Gorffennaf 1964

61

'RWY'N gofyn cennad i ddychwelyd at fater y Brifysgol yng Nghymru. Y mae'n fater y dylem oll fod yn meddwl amdano. Y mae a wnelo'r peth â pharhad Cymru Gymraeg. Mi ddywedais i yn rhifyn Gorffennaf *Barn:*

> Buwyd ers chwarter canrif yn ymegnïo'n ddyfal yng ngholeg Bangor i apwyntio mwyafrif o Saeson ar y staff rhag ofn i neb hawlio troi'r Coleg hwnnw yn y rhan Gymreiciaf o Gymru yn Goleg Cymraeg.

Yn rhifyn Awst o'r cylchgrawn hwn atebwyd i hyn gan gyn-brifathro'r Coleg, Syr Emrys Evans. Dyma ei bwyntiau:

> Yn gyntaf, ni chlywais i nac am a wn i neb ohonom yn y Coleg ddim am gael Coleg Cymraeg, chwaethach am ei gael trwy droi'r Coleg presennol, cyn i Mr Gwynfor Evans ddwyn ei gynnig gerbron Llys y Brifysgol. Os cofiaf yn dda, tua 1950 y bu hynny.

I mi y mae'r ateb hwn, nid yn unig yn ddiddorol, ond yn arwyddocaol a phwysig a thrychinebus. Y mae e'n cadarnhau yr hyn y gwn i ei fod yn wir, ond yn wir chwerw, sef yw hynny nad oes dim a ddywedir nac a ysgrifennir yn Gymraeg hyd yn oed yn cyrraedd clustiau pobl fel Syr Emrys Evans tra byddont mewn swyddi o ddylanwad ac awdurdod yn y Brifysgol neu mewn gweinydd-iaeth gyhoeddus yng Nghymru. 'Ni chlywais i ddim am gael Coleg Cymraeg.' Y mae hynny'n union megis pe dywedid wrthyf: 'Nid yw'ch iaith chi'n cyrraedd ein clustiau ni.' Yr wyf yn fy nghael fy hun megis un o broffwydi Baal: 'Nid oedd llef na neb yn ateb.' Pe buaswn yn sgrifennu yn Saesneg i'r *Manchester Guardian* fe fyddai'n wahanol. Oblegid mi fûm i lawer tro ers rhagor na chwarter canrif yn galw am Goleg Cymraeg ym Mhrifysgol Cymru. A gaf i ddyfynnu o erthygl a gyhoeddais yn y *Faner* yn 1945, ac a ailgyhoeddais yn *Ysgrifau Dydd Mercher,* t. 103-5:

> Y mae Cymru'n wahanol i bob gwlad arall yn Ewrop; nid oes ganddi brifysgol. Y mae Cymraeg yn bwnc mewn sefydliad Saesneg a elwir yn *University of Wales.* Nid oes gan y genedl Gymreig brifysgol. Athrawon heb Gymraeg, heb wybodaeth o hanes a diwylliant Cymru, yw'r mwyafrif o staff prifysgol Cymru. Na feier ar yr athrawon: Cymru ei hun sy'n mynnu hynny. A'r canlyniad yw nad oes *common-room* Cymraeg neu ystafell gyfarfod i arweinwyr dysg a diwylliant Cymreig, yn bod yng Nghymru . . . Pinagl diwylliant y wlad mewn cyswllt â phinaglau cyfryw drwy Ewrop oll, dyna a ddylai fod yn swydd prifysgol Gymreig; a dylai ystafell gyfarfod yr athrawon fod yn ganolfan Cymraeg ac yn safon moes a meddwl diwylliadol . . .
> Y mae pedwar coleg yn y sefydliad a elwir yn Brifysgol Cymru. Un o'r ffeithiau rhyfeddaf yn hanes gwledydd bychain Ewrop yw nad oes hyd yn oed un o'r pedwar coleg hyn yn sefydliad Cymraeg. Newidiodd gwlad Belg iaith prifysgol fawr Ghent ar ôl y rhyfel diwethaf (1914-8) o Ffrangeg i Fflemiseg. Y mae coleg prifysgol Gwyddeleg yn Galway yn Iwerddon. Hebraeg yw iaith swyddogol ac iaith hyfforddiant prifysgol Caersalem ym Mhalestina. A ydyw'r genedl Gymraeg yn deall, a ŵyr hi, mor anhygoel o amddifad a gresynus yw ei chyflwr heb brifysgol i'w diwylliant . . . Syniad y genedl Gymreig, yn wreng ac yn arweinwyr, am brifysgol yw mai peiriant ydyw i helpu bechgyn a merched i wella'u byd ac ennill gwell cyflogau na'u rhieni. Dyna'r pam na chymer neb ddiddordeb mewn dadl dros droi un o'r pedwar coleg yn goleg a phrifysgol

Gymraeg. Curo pen yn erbyn mur, mur materoliaeth y werin Gymreig a'i harweinwyr, yw ceisio'r pethau hyn.

Gallasech feddwl — maddeuer fy haerllugrwydd — y buasai'r sylwadau uchod yn 1945 o beth diddordeb i Brifathro ar un o'r pedwar coleg ym Mhrifysgol Cymru. Dywed Syr Emrys ar ei ben, Ni chlywais i ddim am gael Coleg Cymraeg. Wel, mi wn i'n dda iawn na chefais i ddim erioed y mymryn lleiaf o ddylanwad ar neb o bwys ym mywyd gweinyddol neu fywyd cyhoeddus Cymru; ond mi fûm, ysywaeth, mor ffôl gynt â meddwl y gallai fod un o Brifathrawon y pedwar coleg o leiaf wedi clywed amdanaf. Mor hawdd yw i ddyn ei dwyllo'i hun a barnu'n baranoiaidd fod ei syniadau a'i erthyglau yn bod o gwbl i bobl eraill.

Beth bynnag i chi, cododd Mr Gwynfor Evans y mater o gael Coleg Cymraeg yn rhan o'r Brifysgol yn Llys y Brifysgol yn 1950, ac am y tro cyntaf yn ei yrfa lwyddiannus a llawn anrhydeddau fe glywodd Syr Emrys Evans am y syniad. Gwrandewch yn awr ar ei dystiolaeth:

Ffurfiwyd pwyllgor cryf i ystyried y mater, a chyflwynodd ei adroddiad i'r Llys tua 1955. Ar hyd yr amser y bu'r pwyllgor wrthi ni chofiaf glywed gan yr aelodau a gefnogai'r mudiad un gair a awgrymai gysylltiad rhwng y Coleg a Choleg Bangor nac ag un o'r Colegau eraill. Ac eto, yn ôl Mr Lewis, yr oeddem ym Mangor yn 'ymegnïo'n ddyfal' i gwrdd â sefyllfa na ragwelwyd hyd yn oed ei phosibilrwydd!

Onid yw'r paragraff yn gampwaith? 'Na ragwelwyd hyd yn oed ei phosibilrwydd!' Ym Mangor yn Arfon lle y mae bedd Owain Gwynedd. Ym mhle, tybed y mae Syr Emrys yn bwrw fod Bangor? Yn Ulster? Neu British Columbia? Neu Middlesex? Y mae bod Cymro Cymraeg, ie a llenor Cymraeg, yn medru byw'n brifathro dros ragor dipyn na chwarter canrif ar Goleg yn y dalaith Gymreiciaf yng Nghymru heb i'r posibilrwydd o gysylltu'r Coleg hwnnw â Choleg Cymraeg erioed wawrio ar ei feddwl, heb iddo unwaith ddychmygu y byddai'r peth yn ddichonadwy — y mae hyn yn dangos cyflwr ysbrydol Cymru a'i harweinwyr yn llwyrach na dim a allwn i fyth mo'i ddweud. Ni chlywodd Syr Emrys Evans erioed awgrym o'r posibilrwydd, ni ddychmygodd yntau, ni freuddwydiodd fod y peth ym meddwl neb byw, er iddo fod am bum mlynedd mewn 'pwyllgor cryf' yn ystyried holl oblygiadau cynnig Mr Gwynfor Evans. I Brifysgol enfawr Ghent bu troi o fod yn brifysgol Ffrangeg i fod yn Brifysgol Fflemiseg yng nghanol gwlad o Fflemisiaid yn gyfle i flaenoriaeth a mawredd. Ac er bod pedwar Coleg ym Mhrifysgol Cymru ni freuddwydiodd neb ar y Pwyllgor Cryf mewn pum mlynedd o bwyso a mesur pethau y gellid troi un o'r pedwar yn Goleg Cymraeg — chwaethach Bangor o bobman, chwedl Syr Emrys.

Gan hynny, ebr Syr Emrys Evans yn fuddugoliaethus, nid trwy unrhyw 'ymegnïo dyfal' y sicrhawyd mai deunaw yn unig o athrawon seneddol oedd yn Gymry allan o gyfanswm o bedwar a deugain a apwyntiwyd yn y cyfnod 1938-58, sef ugain mlynedd olaf prifathrawdod Syr Emrys. Ac ef, wrth gwrs, sy'n iawn. Nid oedd dim gofyn am egni, nid oedd dim rhaid wrth ddyfalwch. Dim ond mynd gyda'r llif. Dyna'r ffordd i arwain yng Nghymru, y briffordd frenhinol i brifathro ac aelod seneddol, mynd gyda'r llif yn dawel esmwyth — efe a'm tywys gerllaw y dyfroedd tawel. Erbyn heddiw Coleg Bangor yng Ngwynedd Gymraeg yw'r coleg Seisnicaf ei aelodaeth yng Nghymru gyfan — mynd gyda'r llif yn hyfryd. Y mae gweinidogion ymneilltuol Gogledd Cymru'n poeni oblegid sefydlu bar i'r efrydwyr yn y Coleg. Pa raid iddynt boeni bellach? Prawf yw'r bar fod y polisi o Seisnigo'r Coleg wedi cyrraedd ei nod, wedi llwyddo'n llwyr.

Rhyw fis yn ôl mi gefais i drwy'r post lyfryn sylweddol ar bapur llathraid a drudfawr yn dangos cynlluniau ar gyfer helaethu Coleg Bangor a chodi adeiladau lawer, newydd a chostus, ynghyd â llythyr yn apelio ataf am gyfraniad tuag at yr achos da. Bûm yn darllen y cwbl a rhyfeddu. Gofynnais dro'n ôl ym mhle yr oedd Bangor — ai yn Ulster neu Middlesex? Os darllenwch chi'r llyfryn apêl hwn fe ofynnwch chithau'r un cwestiwn. Nid oedd ar un ddalen air o awgrym fod unrhyw gysylltiad rhwng y Coleg a Chymru. Gallasech yn rhwydd gredu mai apêl ar gyfer coleg yn Staffordshire ydoedd.

Ym mhrifysgol Keele yn Staffordshire y mae siopau ar gyfer efrydwyr ac yn y siopau hynny gwerthir offer atal cenhedlu i'r efrydwyr yn fechgyn a merched. Dyna'r math o fod ar y blaen a chyda'r oes a ddylai apelio'n arbennig at awdurdodau Coleg Bangor. Y mae'n ddigon anghymreig. Fe wnâi atodiad hapus i lenyddiaeth yr apêl. Pwy ŵyr, efallai y deuai efrydwyr o Gymru yn ôl i Fangor wedi clywed am y manteision arbennig hyn. Ni all dim arall eu denu yno.

Barn, Rhagfyr 1964

IAITH

Un Iaith i Gymru

O BRYD i bryd fe gyhoeddir canlyniadau'r cyfrifiad diwethaf ar boblogaeth Lloegr a'r Alban a Chymru. Cafodd y lleihad difrifol ym mhoblogaeth siroedd amaethyddol Cymru dipyn o sylw yn y papurau newydd. Ymgysurodd rhai golygyddion Cymraeg yn y newydd bod cyfartaledd y Cymry dwyieithog ar gynnydd. A gwir yw hynny. Ond gwir hefyd a phwysicach ffaith yw bod nifer y Cymry Cymraeg uniaith wedi lleihau eto'n sylweddol. At hynny ac at effeithiau hynny y dymunwn arwain meddyliau'n darllenwyr y mis hwn.

Y mae llawer iawn o gyfeillion yr iaith Gymraeg yn tybio bod popeth o'r gorau os gellir sicrhau parhad didor yr iaith mewn Cymru ddwyieithog. Barnant gan hynny fod polisi presennol adran Gymreig Bwrdd Addysg y Llywodraeth yn oleuedig, ac os gellir cymell y pwyllgorau addysg yng Nghymru i weithio allan yn selog ac yn onest gynlluniau cyfarwyddwyr Cymraeg y Bwrdd, yna fe gred y cyfeillion hyn mai da fydd y canlyniadau. Bid sicr, nid yw'r pwyllgorau addysg yng Nghymru yn ceisio'n ddifrifol o gwbl ddwyn hyd yn oed hynny i ben. Ond ar y Cymry y rhoddir y bai am eu difrawder, a dywed llawer wrthym fod polisi'r Bwrdd Addysg yn agos iawn i'w le ac ynddo'i hun yn burion. *Ie, hyd yn oed yn y Blaid Genedlaethol ofnwn fod rhai na thybiasant eto fod 'Cymru ddwyieithog' yn beth i'w ofni a'i ochel, bod lleihad nifer y Cymry uniaith yn drychineb, ac mai cael Cymru Gymraeg uniaith sy'n unig yn gyson â dibenion ac athroniaeth cenedlaetholdeb Cymreig.*

Un rheswm dros ddweud hynny mor bendant yw mai hynny'n unig sy'n ymarferol. Nid rhaid ond munud o ystyriaeth i ganfod y gwir. Y rheswm dros fod Cymry dwyieithog heddiw yw *bod Cymry uniaith.* Heb y Cymry uniaith ni byddai'r Cymry dwy-iaith. Pan na bydd Cymry uniaith yn unman, ni bydd angen, ni bydd o reidrwydd, Gymry dwy-iaith ym mhobman. Buan iawn felly wedi y derfydd y Cymry uniaith y derfydd am einioes y Gymraeg. Canys y pryd hynny ofer fydd sôn am werth ysbrydol a gwerth addysgol y Gymraeg. Ni bydd yn hanfodol er mwyn byw yng Nghymru, a phan na bydd yn hanfodol yn unman, yna'n sicr ddigon fe'i gollyngir i'w thranc ym mhobman. Ymdwyllo ac ymwrthod ag wynebu'r gwir yw tybio'n amgen. Gan hynny, os mynnwn ymladd o gwbl dros y Gymraeg, rhaid inni ymladd o ddifrif dros barhad y Cymry uniaith. Un dull yn unig sydd y gellir sicrhau *Cymry* uniaith, a hynny yw gwneud *Cymru* uniaith. Nid oes dim arall yn ymarferol.

Nid oes dim arall yn gyson ag amcanion ein plaid ni. Yr ydym am ryddhau Cymru o afael y Saeson. Yr ydym am anseisnigo Cymru. Purion. Y peth mwyaf Seisnig sydd ar elw y Saeson yw Saesneg. Ni allwn ni gan hynny amcanu at ddim llai na difodi Saesneg yng Nghymru. Bydd yn un o brif orchwylion polisi addysg llywodraeth Gymreig. Ni feiddia llywodraeth Gymreig fodloni ar gael 'Cymru ddwyieithog'. Meddyliau gwamal yn unig a fedr ddygymod â'r fath ofer amcan.

Drwg, a drwg yn unig, yw bod Saesneg yn iaith lafar yng Nghymru. Rhaid ei dileu hi o'r tir a elwir Cymru: *delenda est Carthago.*

Ebr un oedd yn arbenigwr yng ngwaith hysbysebu yn ddiweddar 'Saesneg yw'r iaith orau yn y byd i hysbysebu ynddi'. Ie, dyna drueni, a dyna warth yr iaith Saesneg, ac y mae'r meddylwyr mwyaf beirniadol ac annibynnol yn Lloegr ac yn yr Amerig yn arswydo o'r herwydd. (Gweler *Culture and Environment,* F.R. Leavis and D. Thompson, Chatto and Windus, 1933, llyfr sy'n ddadl drwyddo dros ddileu Saesneg yng Nghymru.) Ystyr y dywediad uchod yw hyn: pa le bynnag yr estyn y gwareiddiad Saesneg heddiw fe leddir crefftau a thraddodiadau lleol, annibyniaeth bro, pob cymeriad gwahanol, ac yn lle'r pethau hyn fe geir pobl wedi eu llunio oll mor unffurf a digymeriad a didraddodiad fel y geill hysbysebau sicrhau marchnadoedd cynyddol i nwyddau gwael *mass-production* a pharhau felly i broletareiddio dynoliaeth a'i chadw yn gaeth i beiriannau a chyfalaf. O am ddallineb ein Sosialwyr ni yng Nghymru. Bloeddiant yn erbyn cyfalafiaeth, a'r un ffunud gwawdiant (yn enw cydwladoldeb) ein cais ni i achub Cymraeg. Ni welant, gan mor llwyr y caethiwir eu meddyliau gan y system yr ymladdant yn ei herbyn, mai ehangu buddugoliaeth cyfalafiaeth yw effaith sicr lladd Cymraeg. Ni welant mai moddion effeithiol i ymladd yn erbyn gormes *big business* — fel y gelwir y peth yn iaith hyll yr Amerig — yw codi cenhedlaeth na fedr pwerau arian mawr mo'i chyrraedd, oblegid bod gwrthglawdd iaith, nas llygrwyd eto gan arian, yn amddiffynfa iddi.

Creu Cymru Gymraeg uniaith yw'r moddion diogel i godi gwlad na fedr gormes cyfalafiaeth gydwladol drigo o'i mewn. Wrth gwrs, ni fedr ein cyfeillion Sosialaidd ddeall hyn o gwbl. Y maent mor llwyr yn rhwymau materoliaeth y ganrif ddiwethaf fel na allant amgyffred mai â nerthoedd ysbrydol y llwyddir i orchfygu gormes economaidd. Trwy'r holl flynyddoedd diweddar hyn bu ein dadl ni o blaid cael Cymru hunangynhaliol yn eithaf amhoblogaidd. Heddiw fe ddechreua'r rhod droi. Y mae'r enwocaf oll o economwyr Lloegr wedi croesi drosodd i'n hochr ni. Medd Mr J.M. Keynes yn yr *Yale Review:*

> The nations of the world should pursue a policy of economic isolation if they wish to lessen the danger of international conflict. Ideas, knowledge, science, hospitality, travel, — these are the things which should of their nature be international. But let goods be homespun wherever it is reasonably and conveniently possible, and, above all, let finance be primarily national.

Da iawn, yn wir. Ond cofier hyn: yr unig ddull y gellir gweithredu'r polisi a gefnogir yn awr gan Mr Keynes yw trwy lunio'r genedl yn uned, yn gymdeithas. Ac un peth anhepgor er mwyn llunio Cymru eto'n gymdeithas yw rhoi iddi unoliaeth ddofn ei thraddodiadau a'i hymwybod â'i gorffennol. A heddiw nid erys ond yr iaith Gymraeg yn unig a eill roi'r unoliaeth honno inni. Collasom ein traddodiadau eraill. Ond hyd yn oed heddiw, pa le bynnag y ceir Cymry uniaith, yno y ceir y peth agosaf at hunangynhaliaeth ac annibyniaeth economaidd. Yno y ceir y peth tebycaf i gymdeithas draddodiadol, unedig.

Gan hynny, dylem fynd ati o ddifrif i lestair y lleihad yn nifer y Cymry uniaith. Y mae hyn yn hanfodol er mwyn diogelu'r iaith (heb sôn, wrth gwrs, am safonau llenyddiaeth), ond y mae'n rhan hanfodol hefyd o'n polisi cymdeithasol ac economaidd ni sy'n genedlaetholwyr; y mae'n rhan bwysig iawn o'n brwydr ni yn erbyn cyfalafiaeth gydwladol.

Y Ddraig Goch, Awst 1933

GWYDDYS bellach fod yn fwriad y mis hwn adfywio'r Gyngres Geltaidd. Cynhelir y gyngres eleni yn Nulyn, prifddinas Iwerddon, a chroesewir y cynrychiolwyr gan Mr Sean T. Kelly, arlywydd Eire, a chan Mr De Valera a addawodd lywyddu ar y gyngres. Nid rhaid dweud bod gan Mr De Valera ddiddordeb dwys ym mhroblemau diwylliant. Gwleidydd yw ef sy'n credu mai gorchwyl llywodraeth yw gwasanaethu ffyniant ysbrydol a diwylliadol cenedl a gwareiddiad. Bu'n ddiwyro ei ffyddlondeb i'r Wyddeleg. Y mae Gwyddeleg yn orfodol yn holl ysgolion Iwerddon, yn gyfrwng addysg mewn llu o ysgolion. Gwyddeleg hefyd yw iaith swyddogol y wlad ac ni ellir hebddi fyned i mewn i'r gwasanaeth gwladol nac ymaelodi yn y brifysgol. Nid polisi hawdd na phoblogaidd mo hyn. Canys peidiodd yr Wyddeleg ers cenedlaethau â bod yn famiaith i'r mwyafrif o bobl Iwerddon. Derbyniais dro'n ôl lythyr maith gan Wyddel yn Iwerddon, sy'n ddarllenydd cyson o'r *Faner,* ar bwnc cenedlaetholdeb Iwerddon a'i gysylltiad â'r iaith. Mae'r llythyr yn werth ei ddyfynnu. Dywed y cyfaill: 'Y mae'r ffaith fod un o'r mudiadau cenedlaethol cryfaf o'r rhai y mae hanes amdanynt, sef mudiad Sinn Fein Iwerddon, wedi llwyddo mewn gwlad a gollasai gan mwyaf ei phriod iaith, wedi ei defnyddio'n aml yn ddadl yn erbyn honni bod yr Wyddeleg yn anhepgor i barhad cenedlaetholdeb Iwerddon. Rhag ofn i bobl Cymru gael eu camarwain, megis y camarweiniwyd y Gwyddyl yn y ganrif ddiwethaf gan Daniel O'Connell, a fedrai Wyddeleg ond a gafodd ei addysg oddi cartref, mi hoffwn osod ger eich bron y pwyntiau canlynol.

'Nid yw colli mamiaith gwlad yn newid pobl ar un ergyd. Araf y gweithia'r gwenwyn ond at farwolaeth y tueddera. Yn ein hachos ni yn Iwerddon cuddiwyd effaith y drwg dros ysbaid o ganrif gan amlygrwydd niweidiol a drwg arall, sef gorthrwm eglur o'r tu allan. Y mae'r gorthrwm hwnnw wedi darfod bellach, ond y mae'r hen wenwyn yn gweithio yng nghorff y genedl Wyddelig o hyd. Ac oni ddeffry pobl Iwerddon i ddeall y drwg sydd o golli eu hiaith, y mae'n ddigon posibl na bydd cenedl Iwerddon ymhen canrif arall. Efallai y pery Gwladwriaeth Iwerddon, ond un peth yw gwladwriaeth a pheth arall yw cenedl. Bwriwch fod Iwerddon yn parhau yn wladwriaeth rydd ac annibynnol, ond yn wlad Saesneg ei hiaith, mewn cysylltiad â gwledydd eraill o iaith Saesneg, megis Lloegr a Sgotland ar un ochr ac Unol Daleithiau'r Amerig ar yr ochr arall, ni byddai'r Iwerddon honno yn genedl chwaethach Yorkshire neu Alabama, er bod ganddi holl ffurfiau Gwladwriaeth annibynnol.

'Byddai ei rhyddid politicaidd yn gwbl ddiystyr ac ni ellid dadl gywir o blaid ei gadw. Y mae gwladwriaeth heb briod iaith megis person unigol heb gymeriad, yn gymydog ansicr, twyllodrus. Byddai'n well o lawer dan y fath amgylchiadau fod meddiannu Iwerddon gan Loegr. Ni byddai gennyf i'n bersonol ddiddordeb yn y byd mewn Iwerddon a gawsai gyfle i atgyfodi ei hiaith ac a droesai ei chefn ar y cyfle ac a ddiystyrasai ei phriod lenyddiaeth a'i hanes ei hun, neu a fodlonai ar fabwysiadu traddodiadau llenyddol Lloegr. Gwir inni gael o bryd i bryd Wyddyl o athrylith megis Swift a Shaw a fu yn eu dyddiau yn gefnogwyr dewr i hawliau politicaidd Iwerddon, ond a gadwai gyda hynny lygaid effro ar eu marchnad lenyddol Saesneg yn Lloegr neu yn Lloegr a'r Amerig; ni ellir cyfrif y rheiny yn wir Wyddyl; rhoddwyd arnynt yr enw o Eingl-Wyddyl. Llenyddiaeth Saesneg a gyfoethogwyd ganddynt a'r diwylliant Saesneg. Testun i'w droi'n elw fu bywyd Iwerddon i'r mwyafrif ohonynt. Byw ar Iwerddon, nid byw i Iwerddon, fu hanes y rhan fwyaf o'r llenorion hyn.

'Bu gwrthryfel yn Iwerddon yn 1708; trechwyd ef yn greulon a gwaedlyd gan y llywodraeth Seisnig. Yna daeth y newyn yn 1847, ganrif union yn ôl. Newyn gwneud oedd hwnnw. Bu farw o angen bwyd gannoedd o filoedd o'n pobl ni tra cludid ydau o'n porthladdoedd ni i Loegr a'u cario i'r porthladdoedd ar draws gwlad o bobl yn marw o angen a'r milwyr yn saethu at y neb a geisiai atal y gwagenni. Yna daeth cyfnod y diboblogi mawr a'r ymfudo enfawr a thaflu'r tenantiaid allan o'u daliadau. Trwy'r cyfnodau hynny ni ddeallid nac yn Iwerddon nac yn Ewrop yn gyffredinol bwysigrwydd ieithoedd llafar.

'Ers canrifoedd bu dwy genedl yn Iwerddon, y Gwyddyl a'r Eingl-Wyddyl, pobl y *Pale*. Siaradent ddwy iaith wahanol, Gwyddeleg a Saesneg. Yr oedd y Gwyddyl yn genedlaethol; anwadal oedd y lleill, heb wybod erioed yn iawn i ba wersyll y perthynent. Weithiau, pan niweidid eu buddiannau gan Lywodraeth Loegr, byddent yn wrthryfelwyr yn erbyn y gyfraith Seisnig, ond Saesneg oedd eu hiaith a'u diwylliant. Bu ganddynt eu senedd eu hunain yn Nulyn hyd at 1800. Yn erbyn gweithrediadau'r senedd hon y cododd y gwrthryfel mwyaf gwaedlyd a drud yn holl hanes Iwerddon, a'r senedd honno a ddug drosodd filwyr a wnaeth gyflafan erchyll o bobl Iwerddon gyda'i Milisia a'i Gwarchodlu a'r gwŷr meirch a'i Hessiaid.

'Ym mlynyddoedd terfysglyd olaf y ddeunawfed ganrif a hanner cyntaf y ganrif ddilynol y collodd y Gwyddyl eu heniaith gan mwyaf a mabwysiadu iaith yr Eingl-Wyddelod. Rhwystrodd y newyn a'r gorthrwm a'r cynyrfiadau cymdeithasol i bobl sylweddoli gwerth a phwysigrwydd yr hyn a fwrient ymaith. Bu dylanwad O'Connell o blaid bwrw ymaith yr Wyddeleg a mabwysiadu'r Saesneg, a hynny yn yr union gyfnod y gallasai arweinydd o'i awdurdod ef fod wedi taflu ei bwysau'n benderfynol a llwyddiannus ar ochr yr Wyddeleg. Yn y cynyrfiadau gwleidyddol datblygwyd llenyddiaeth genedlaethol a gwlatgar yn y Saesneg a baledi a cherddi cenedlaethol i'r werin a drosglwyddodd i'r Saesneg Wyddelig angerdd teimladau'r Gwyddyl a gostrelasid gynt yn yr Wyddeleg. Hynny a roes i'r Saesneg Wyddelig ei harbenigrwydd ac a wnaeth ei barddoniaeth yn bosibl. Llyncodd y Gwyddyl hynny, a chroesawyd arweiniad politicaidd yr Eingl-Wyddelod, a thrwy hynny gadawsant i'r Wyddeleg doddi ymaith, heb adael ond y bröydd tlodion yn Connemara, Donegal y gorllewin, Mayo'r gogledd-orllewin a rhai rhannau o Munster yn Wyddeleg — yn union megis petasai Cymraeg i'w chael yn unig ym Môn a Llŷn a darnau o ogledd Dyfed.

'Un o'n llenorion Gwyddeleg gorau ni heddiw yw Seosamh Mac Grianna. Ysgrifennodd ef yn 1926 fel hyn, "Yng ngorwelion yfory gellir canfod egin storm a chwyth yr Iwerddon ddi-Wyddeleg i fod yn un â Lloegr." Y mae'r dymestl honno heddiw yn nes atom nag oedd hi yn 1926; gellir gweld ei chysgod hi'n ymestyn tuag atom. Ac fe wyddom eisoes nad anodd yw i'r Gwyddel sy'n byw yn Lloegr fynd yn Sais.

'Bu Seosamh Mac Grianna ar daith drwy Gymru yn 1937. Sgrifennodd lyfr ar ei deithiau, *An Bhreatain Bheag,* ac yn ei lyfr fe ddywed ef, "Os yn Saesneg yr ymleddir y frwydr rhwng Comwnyddiaeth a Chenedlaetholdeb Cymreig, yna'n wir fe dderfydd am Gymru, ac fe ennill Comwnyddiaeth a dinistrio'r Gymraeg."

'Eich anhawster chwi Gymry, mi dybiaf, yw'r un ag a brofasom ninnau. Teimlwch fod yn rhaid rhoddi rhyw wybodaeth am Gymru yn Saesneg i'r rheiny yng Nghymru na fedrant bellach namyn Saesneg; onid e trônt yn Saeson llwyr. Ond os bodlonwch chwi ar greu llenyddiaeth Gymreig-Saesneg o werth, yn gyfrwng mynegiant i deimlad a phrofiad Cymreig ond yn yr iaith Saesneg, yna byddwch wedi rhoi esgus rhagorol i bawb a fodlono i dranc y Gymraeg. Cyn hir wedyn rhywbeth i'w gadw yn eich amgueddfa genedlaethol yn Sain Ffagan fydd unrhyw siaradwr Cymraeg. A bydd eich llenyddiaeth Gymreig-Saesneg, gyda threigl amser a dylifiad dylanwadau Seisnig, yn ymliwio'n lleilai Cymreig ac yn fwyfwy Saesneg. Yn y pen draw odid na welir efrydiau 'Cymraeg' yng ngholegau prifysgol Cymru yn cael eu cynrychioli gan ddarlithydd mewn llenyddiaeth Gymreig-Saesneg yn adran llenyddiaeth Saesneg; bydd Cymru yn rhan o Loegr fel sir Amwythig neu Cumberland.'

Dyna farn Gwyddel craff a gwybodus ar rai o'r problemau sy'n poeni cryn dipyn ar lawer yng Nghymru y dyddiau hyn. Gwelir mai profiad Iwerddon sy ganddo ef yn garn i'w ddadl. Myn ef nad digon ennill annibyniaeth wleidyddol Iwerddon yn unig; rhaid achub ac ailsefydlu'r Wyddeleg cyn y galler dweud bod mudiad cenedlaethol Iwerddon ac ymdrech y canrifoedd wedi cyrraedd eu nod. Myn ef i Gymru ddysgu'r wers a pheidio, yng ngwres y frwydr boliticaidd a syniadol, â cholli ei hiaith na barnu am eiliad y gellir ymladd y frwydr yn Saesneg a phoeni wedyn am yr iaith. Rhaid, ebr ef, i'r frwydr ddiwylliadol fynd lawlaw â'r ymdrech boliticaidd, yn gydwastad ar hyd y ffordd. Ymddengys ei gyngor yn ddoeth.

Y Faner, 9 Gorffennaf 1947

I'R genedl Gymreig daeth pwnc yr iaith a phwnc y tir yn faterion o bwys enbyd ar derfyn y rhyfel. Y mae'n hiaith Gymraeg ni, trysor ysbrydol ein cymdeithas, mewn dygn berygl. Ac yr ydym yn awr yn gweld y Swyddfa Ryfel Seisnig yn hawlio mwy a mwy o'r rhanbarthau gwledig hynny sydd bellach yn unig noddfeydd y bywyd Cymraeg a Chymreig. Ac wele'r Senedd hefyd yn gwrthod Comisiwn Parciau Cymreig ac yn deddfu i osod y bröydd Cymreiciaf yng Nghymru dan reolaeth bwrdd Seisnig na ŵyr ddim am fywyd y bröydd hynny. Gwelwn yr un pryd Fwrdd Trydan Seisnig yn darparu'n brysur i gymryd meddiant o wlad Eryri er mwyn cynhyrchu trydan i ardaloedd diwydiannol Gogledd-orllewin Lloegr. Y mae'r bygythion hyn arnom yn awr. Ni ellir eu hosgoi. Os collwn ein hiaith ac os collwn undod y bywyd gwledig Cymreig a'r gymdeithas Gymraeg, ni bydd adferiad wedyn.

Ac mor ddifater yw'r mwyafrif. A fu erioed yn hanes Cymru gymaint o anwladgarwch ag y sy heddiw? Na fu erioed, mi dybiaf i. Lleiafrif diddylanwad sy'n ymglywed heddiw â bodolaeth cenedl Gymreig. Nid yw'r peth yn bod, nid yw'n bod fel ffaith sy'n cyfrif yn eu bywyd, i'r mwyafrif o drigolion Cymru. Bûm yn darllen adroddiad go fanwl o'r ddadl yng Nghyngor Sir Gaerfyrddin ar gynnig Mr Gwynfor Evans i gydnabod yr iaith Gymraeg yn gydradd swyddogol â'r Saesneg yn nhrafodaethau'r cyngor. Sylwais ar rai o ddatganiadau ei wrthwynebwyr. Dywedodd un cynghorwr o Landybie, 'Y prif beth gennyf i yw y dosbarth gweithiol beth bynnag a fo na'u lliw na'u hiaith . . . Edrychaf ymlaen at ddydd y bydd heddwch rhwng yr holl genhedloedd ac na bydd, efallai, iaith namyn Esperanto. Dyna'r math o Sosialydd ydwyf i.'

Dywedodd is-gadeirydd y Cyngor:

'Ni wnâi cynnig Mr Evans ddim oll ond llesteirio busnes y Cyngor; ni ddylai Mr Evans geisio twyllo'r Cyngor.'

Dywedodd y Parchedig R.G. James, Pontyates, ei fod yn synnu at haerllugrwydd Mr Evans, canys nid oedd ei gynnig ef ond cais i ddyrchafu propaganda Plaid Genedlaethol Cymru.

'Dyna ddigon o'r fath nonsens', oedd gair terfynol un henadur.

'Yr ydym yma i gynrychioli'r trethdalwyr, ac nid i'w cynrychioli hwynt fel Cymry na Saeson na Chenedlaetholwyr Cymreig', ebr Mr G.V. Davies o dref Gaerfyrddin.

Nid fel perlau i'w taflu gerbron moch y dyfynnaf y datganiadau golau a diwylliedig hyn; eithr fel tystiolaeth i safon meddwl y cynghorau sir Cymreig a etholir gennym ni.

Dowch inni geisio dadansoddi'r sefyllfa a deall ein cyflwr. Er dechrau'r ganrif ddiwethaf y capel fu canolfan yr iaith Gymraeg a'r genedl Gymreig, sef y genedl a siaradai'r iaith. Hynny yw, cymdeithas grefyddol oedd y genedl Gymreig. Y farn gyffredin, boblogaidd, hyd at flynyddoedd olaf y bedwaredd ganrif ar bymtheg oedd mai cyfnod o dywyllwch ac anwybodaeth ac anfoesoldeb fuasai'r holl ganrifoedd Cymreig cyn diwygiadau crefyddol yr Anghydffurfwyr a'r Methodistiaid. Bwriwyd y cwbl o'r gorffennol i angof. Lluniwyd cenedl newydd sbon ar sail capel a seiat a chyfeillach. Y capel oedd hendref y genedl; ac nid cenedl mohoni, nid oedd hi'n ymwybod â'i bod o gwbl fel cymdeithas unol, ar wahân i'r capel. Aeth hynny'n rheol bywyd iddi. Wedi dyfod addysg ramadegol a cholegau yn chwarter olaf y ganrif, ceisiodd rhai o feibion y dadeni hwnnw ehangu seiliau'r genedl, datguddio iddi ei hanes hen a'i chyffroi i efelychu Gwyddyl Iwerddon ac i fynnu bod yn genedl gyflawn, secwlaraidd, boliticaidd. Ond methu fu hanes mudiad Cymru Fydd. Ni fynnai'r Cymry fod yn Gymry politicaidd, ond yn anghydffurfwyr politicaidd. Ni fynnent wleidyddiaeth namyn gwleidyddiaeth y capel. Darllenwch hanes cyfarfodydd Undeb yr Annibynwyr yng Nghaernarfon fel yr adroddir ef yn y rhifyn diwethaf o'r *Faner*, ac fe welwch nad ydys wedi symud oddi wrth hynny eto wrth drafod materion deddfau'r deyrnas.

Ond yn nechrau'r ugeinfed ganrif daeth y mudiad Llafur a'r undebau Llafur o Loegr i Ddeheudir Cymru ac i ardaloedd diwydiannol y Gogledd. Yr un pryd yr oedd addysg orfodol Saesneg yn ymwthio i mewn i'r bywyd cymdeithasol Cymreig a'r ysgol yn raddol yn disodli'r Ysgol Sul. Pwysicach na hynny, daeth moderniaeth Ellmynig a Seisnig i ddisodli cadernid dogmatig yr hen Ymneilltu-aeth Gymreig ac i sigo sylfeini'r hen fywyd crefyddol. Daeth cyfle i blant y werin gael addysg a chodi yn y byd, a daeth codi yn y byd yn bwysicach na sefyll yn yr hen lwybrau ac yn yr hen gymdeithas. Ond os anfantais i gymdeithas y capel, mantais fu hynny i gymdeithas newydd yr undeb llafur uchelgeisiol, yn gapelwyr Cymraeg ac yn undebwyr llafur Saesneg — a'r mudiad Saesneg oedd y mudiad politicaidd a'r mudiad â dyfodol iddo, a grym ac argyhoeddiad yn aros ynddo. Bob yn dipyn tyfodd yr Undeb Llafur a'i weithgarwch politicaidd yn wir ganolfan bywyd y dynion cryfaf yn yr holl ardaloedd diwydiannol a symudodd y capel a'i holl gyfarfodydd i fod yn rhywbeth ar ymylon eu bywyd. Gosodasant eu cysylltiadau Seisnig yn y canol, yn eu holl drafodion politicaidd a gweinyddol, a chadw'r Gymraeg a phob dim Cymreig yn adloniant i'w horiau hamdden. Ac ni wyddent — nid ydynt heddiw yn gwybod — digon o hanes eu gorffennol eu hunain i ddeall mai cadw craith eu darostyngiad a'u gorchfygiad a wnânt. Canys oblegid colli o'r Cymry eu hunoliaeth fel cymdeithas wleidyddol, a cholli eu harweinwyr cymdeithasol, y bu raid iddynt yn nherfyn y ddeunawfed ganrif eu llunio'u hunain o newydd yn gymdeithas grefyddol ar sail y seiat.

Brysiog iawn ac aflêr yw'r braslun uchod ac y mae'n anghyflawn. Ond fe welwch y sefyllfa. Heddiw hefyd, y capel yw unig ganolfan cymdeithasol yr iaith Gymraeg. Yno'n unig y rhoir i'r Gymraeg urddas iaith swyddogol; yno'n unig hyd yn oed yn y rhannau helaethaf o Gymru Gymraeg sydd eto'n aros. Tra nad oedd bywyd cymdeithasol Cymreig ond yn y capel, yr oedd yr iaith yn ddiogel a chyfoethog. Heddiw, rhywbeth ar odre bywyd y gymdeithas Gymreig yw'r capel, ie hyd yn oed yn y pentrefi gwledig. Geill y bws gludo plant a rhieni i'r sinema. Y mae'r radio Saesneg yn cyrraedd y cymoedd diarffordd. Ac y mae pob dim heddiw yn tueddu i chwalu cartrefi a disodli cymdeithasau gwledig. Ac ofer cau'r llygad ar y ffaith mai lle bychan sydd i'r capel ym mywyd pobl ifainc hyd yn oed yn yr ardaloedd gwledig mwyach. Ni ellir codi na chadw cymdeithas grefyddol ond ar seiliau dogmâu cedyrn a sicrwydd argyhoeddiad. Nid yw'r seiliau hynny'n bod yng Nghymru heddiw. Y mae Cymru ymneilltuol wedi troi ei chefn ar holl argyhoeddiad ei thadau yn y ganrif ddiwethaf. A ydych chwi'n gofyn am arwydd o hynny? Dyma i chwi ddyfyniad o'r rhifyn diwethaf o'r *Faner:*

Dywedodd y Parch. J. Dyfnallt Owen mai nid er mwyn addysg yr oedd y Pabyddion yn gweithredu. Yr eglwys yw'r canolbwynt mawr yng ngolwg y Pabydd, ac nid yr ysgol. Yn eu golwg hwy y mae popeth yn ddarostyngedig i'r eglwys ac amcan y cyfan yw ffyniant Pabyddiaeth yn y tir.

Wrth gondemnio'r Pabyddion fel hyn y mae'r gŵr parchedig yn condemnio holl fywyd Cymreig a Chymraeg y bedwaredd ganrif ar bymtheg a holl fywyd ei dadau anghydffurfiol ef yn yr ail ganrif ar bymtheg a'r ddeunawfed. Canys dodwch 'ymneilltuaeth' yn lle 'Pabyddiaeth' ac 'Ymneilltuwyr' yn lle 'Pabyddion' yn y dyfyniad uchod, ac fe gewch ar unwaith ddehongliad cywir o nerth ac o ffydd ac o onestrwydd ac o argyhoeddiad cadarn yr hen Gymru ymneilltuol Gymraeg. Trasiedi Cymru heddiw yw mai'r 'ysgol yw'r canolbwynt mawr yng ngolwg yr Ymneilltuwr ac nid y capel na'r eglwys', ac yn ei olwg ef y mae popeth — crefydd a'r iaith Gymraeg a'r holl werthoedd ysbrydol — yn ddarostyngedig i amodau bywyd dan y wladwriaeth Seisnig. Gosododd hen dadau Cymreig y bedwaredd ganrif ar bymtheg yr eglwys yn sylfaen i fywyd y genedl. Heddiw y mae eu hŵyrion yn gwrthod y sylfaen; ac nid oes ganddynt sylfaen arall. Yr hyn sy'n ymddangos yn eglur yn y dyfyniadau a roddais uchod o anerchiadau cynghorwyr sir Gaerfyrddin yw nad oes ganddynt 'ganolbwynt mawr' i'w bywyd cymdeithasol, ac felly nid oes ganddynt egwyddorion a barchant na thraddodiad i ymfalchïo ynddo. Fel y dywedodd y cyntaf ohonynt: 'Dyna'r math o sosialydd ydwyf i.' Plentyn yr Ysgol Sul a'r Cwrdd Chwarter a'i dywedodd: 'edrychaf ymlaen at adeg na bydd iaith ond Esperanto'.

A synio'r wyf mai sŵn yr iaith
Wrth lithro dros ei min
Roes i'w gwefusau'r lluniaidd dro
A lliw a blas y gwin.

A oes gobaith o gwbl yn y tair neu bedair blynedd nesaf hyn y cymer ymneilltuwyr Cymraeg eu crefydd o ddifrif? Nid wyf yn tybio bod gobaith am hynny. Yr hyn a feddyliaf i wrth 'gymryd crefydd o ddifrif' yw'n union yr hyn a fynegodd y Parch. Dyfnallt Owen, 'gwneud yr eglwys yn ganolbwynt mawr' eu bywyd, mynnu fod addysg ac ysgol yn ddarostyngedig i egwyddorion y capel a'r seiat, a bod holl fywyd cyhoeddus a gweinyddol yr ardaloedd Cymraeg yn parchu, yn anrhydeddu, yn cyfoethogi iaith y bregeth a'r weddi a'r emyn, er mwyn i'r bregeth a'r weddi a'r emyn fynd yn rhan hanfodol o holl fywyd y gymdeithas megis yn y ganrif ddiwethaf ar ei gorau. Nid rhaid ond dweud hyn i chwi orfod cydnabod fod y peth yn annhebygol, a dweud y lleiaf. Moeth, amheuthun, peth i'w fwynhau yn oriau hamdden yr wythnos, adloniant cymdeithasol, dyna yw crefydd heddiw yng Nghymru ymneilltuol. Ac yn gymaint â bod yr iaith Gymraeg a'r diwylliant Cymraeg a'r traddodiadau Cymreig oll ynghlwm wrth y bywyd crefyddol hwn ac nad oes ganddynt sylfaen arall, byddant farw gyda'r grefydd sy'n marw.

73

Peidiwch, da chwi ddarllenwyr, dweud mai ymosod ar Ymneilltuaeth yr wyf. Ceisio'ch cymell chwi, eich sbarduno chwi, i gymryd eich crefydd o ddifrif yr wyf. Ac mi gredaf i eich bod yn cymryd crefydd Crist, yn ôl eich golau chwi, o ddifrif, pan glywaf am Gwrdd Chwarter neu Gyfarfod Misol, neu Undeb neu Gymdeithasfa, yn hawlio rheolaeth ar addysg plant eu haelodau ac yn gosod yr addysg honno'n ddarostyngedig i'r eglwys, ac yn mynnu gosod yr eglwys yn 'ganolbwynt mawr' holl fywyd y plentyn. I mi, dyna gymryd crefydd o ddifrif. A phe digwyddai hynny, byddai'r iaith Gymraeg hefyd yn gwbl ddiogel a deuai gonestrwydd ac uniondeb yn ôl i fywyd cyhoeddus Cymru.

A eill hynny ddigwydd? Na eill, heb chwyldro. Gan hynny, beth amdani? A eill Plaid Cymru ddeffro'r werin i gredu fod cadw undod y genedl Gymreig yn haeddu ymgysegriad cenhedlaeth gyfan? Na eill, heb chwyldro. Dyna'r atebion pwyllog, oer. Y mae materoliaeth, difrawder ynghylch pethau ysbrydol, yn rheoli yng Nghymru. Byddem yn barod i aberthu'r ysgolion Pabyddol. Nyni yw'r genhedlaeth sy'n paratoi'r ffordd i'r fuddugoliaeth Gomwnyddol. Ein gelynion ni yw pawb sy'n cymryd Cymru o ddifrif ac yn cymryd crefydd Crist o ddifrif. Nyni piau marwolaeth ysbrydol.

Y Faner (Cwrs y Byd), 8 Mehefin 1949

MEWN rhifyn diweddar o'r *Bulletin of the Board of Celtic Studies* ceir ysgrif ar gyflwr presennol iaith Geltaidd Ynys Manaw. Dywed awdur yr ysgrif (Mr A.S.B. Davies) fod yn 1874 gant a naw o bobl na siaradent ond Manaweg. Erbyn heddiw ceir ugain o bobl yn Ynys Manaw — rhoddir eu henwau a'u cyfeiriadau — sy'n siarad yr iaith o'u crud, ugain y bu'r Fanaweg yn famiaith iddynt. Yna fe ddisgrifir eraill, er enghraifft:

Yr ail ddosbarth yw pobl mewn oed a glywodd siarad Manaweg pan oeddynt yn blant, dyweder o drigain i bedwar ugain mlynedd yn ôl. Mae'n debyg eu bod ryw dro'n deall rhywfaint, neu'r cwbl a glywent ynddi, ond ni fyddent byth yn ei siarad. Medrant efallai gyfrif yn y Fanaweg, neu gofio ychydig o ddywediadau neu eiriau.

Y trydydd dosbarth yw pobl canol oed ac iau, er na siaradent Fanaweg pan oeddent yn blant, a'i dysgodd yn ddiweddarach oddi wrth yr hen do o siaradwyr cynhenid. . .

Cynhelir gwasanaethau crefyddol yn yr iaith ryw bedair gwaith yn unig yn y flwyddyn mewn lleoedd gwahanol yn yr ynys.

Bu ychydig o ddarlledu yn yr iaith trwy'r Radio rai blynyddoedd yn ôl. . .

Trist onid e? Ond fe all yn hawdd iawn ddigwydd i adroddiad cyffelyb am yr iaith Gymraeg ymddangos yn y *Bulletin of the Board of Celtic Studies* yn oes rhai sydd heddiw yn darllen y nodiadau hyn. I'r cyfeiriad yna y mae'r tueddiad yng Nghymru heddiw.

Y tueddiad hwnnw yw testun pamffled Llywydd Plaid Cymru, Mr Gwynfor Evans, *Eu Hiaith a Gadwant*. Datganiad digon byr yw'r pamffledyn tenau hwn, eithr pwysig a chynhwysfawr, y peth cryfaf a dyfnaf a mwyaf mawrfrydig a gyhoeddodd Mr Gwynfor Evans hyd yn hyn. Mae ganddo neges i Gymru gyfan sy'n amserol odiaeth ac yn taro'r hoel ar ei phen. Dyfynnaf baragraff sy'n goleuo thesis yr ysgrif:

Rhan organig o fywyd Cymru yw'r iaith, a phan ddihoena, nid digon crefu ar y Cymry i'w dysgu a'i defnyddio, eu denu a'u dwrdio, ac nid digon gwasanaethu'r sefydliadau a'r mudiadau a rydd fri arni, er rhagored y bo hyn. Arwydd yw enciliad yr iaith o glefyd dyfnach ym mywyd a meddwl y genedl . . . I adfer yr iaith rhaid mynd yn ddyfnach na'r iaith, at yr hyn sy'n digwydd i feddwl Cymru dan bwysau aruthrol llywodraeth ganolog a'r technegau newydd. Mae'r iaith yn colli tir am fod y meddwl Cymreig yn darfod amdano. Mae Cymru yn llai Cymraeg am ei bod yn llai Cymreig. Nid adferir iaith Cymru heb adfer Cymreictod meddwl Cymru. Rhaid i'r genedl feddwl yn Gymreig cyn y meddylia eto yn Gymraeg.

Gallai'r Cymry achub y Gymraeg pe baent yn benderfynol o wneud; ond ni thyf y penderfyniad hyd oni ddysgant feddwl fel Cymry, gan edrych ar eu problemau o safbwynt Cymreig. . .

Meddwl Seisnig a geir yn gyffredinol yng Nghymru heddiw, Cenedligrwydd Seisnig sydd ar gynnydd cyson yn ein plith, yn ein hiaith feunyddiol, ein gwybodaeth o hanes, ein cyfraith, arferion, traddodiad cymdeithasol, llyfrau, caneuon, busnes — mewn gair, yn ein holl fywyd.

Dyna feddwl yn ddwfn a mynegi'n loyw. A rhoi bys ar yr union le y mae dolur Cymru heddiw.

Tyst o'r dolur hwnnw oedd yr adroddiad am y ddadl yng Nghyngor Sir y Fflint ar Ysgolion Cymraeg. Cyfaddefaf fod yr adroddiad yn fy nychryn i, a bod llawer o sylwadau amddiffynwyr neu bleidwyr ysgolion Cymraeg yn ymddangos i mi mor enbyd bron ag ymosodiadau'r gwrthwynebwyr. Yn y cofnodion awgrymwyd cael pedair ysgol Gymraeg i blant dan saith oed mewn pedair tref. Ysgolion i blant o ddeuluoedd Cymraeg fyddai'r rhain. Dywedodd y Cyfarwyddwr mai dyna bolisi'r Weinyddiaeth, sef peri mai iaith yr aelwyd, boed Gymraeg boed Saesneg, a fo'n iaith addysg y plentyn hyd at saith oed. A bu raid dadlau'n ddewr a chaled o blaid hynny yng Nghyngor Sir y Fflint!

Y gwir yw bod ysgol Gymraeg hyd at saith oed yn chwerthinllyd o annigonol. Y mae'r seicolegwyr gorau yn barnu na ddylid defnyddio ond iaith yr aelwyd yn gyfrwng addysg hyd at ddeuddeg neu dair ar ddeg. Wedi hynny, wedi dysgu ail iaith yn ofalus ac araf, buddiol yw dechrau ei hadfer hefyd mewn rhai pynciau yn gyfrwng addysgiad; eithr ni ddylid fyth ddisodli iaith yr aelwyd na'i dodi heibio fel cyfrwng addysg. Dyna neges gwyddor seicoleg i Gymru heddiw. Ac nid yw hyd yn oed lawer o bleidwyr ysgolion Cymraeg wedi deall hynny. Gofynnwyd i mi gan brifathro ysgol yn ddiweddar onid gwell gwybod y ddwy iaith yn amherffaith, sef Saesneg a Chymraeg, na gwybod y Gymraeg yn berffaith a gwybod y Saesneg yn wael. Ie, prifathro a'i gofynnodd. Enghraifft nodweddiadol o'r meddwl Seisnig sy'n rheoli ac yn gormesu arnom.

Un o'r pethau trist yn hanes Cymru yn y bedwaredd ganrif ar bymtheg yw mai fel offeryn gwelliant materol, economaidd, fel cyfrwng i helpu plentyn i godi yn y byd, y daeth ysgolion ac addysg fodern i mewn i fywyd y werin. Nid ydym wedi dyfod dros yr anffawd. Mae stamp y profiad hwnnw ar y mwyafrif o holl bwyllgorwyr addysg Cymru, ar y mwyafrif o brifathrawon ysgolion Cymru, hyd heddiw. Hawdd ei egluro'n dosturiol. Hawdd ei faddau. Nid hawdd symud ei farc ar feddwl a'i graith ar yr enaid. Ac y mae'r ugeinfed ganrif yng Nghymru yn llawer mwy materol, yn llawer mwy bydol, yn llawer llai effro i lais hawliau ysbrydol, na'r bedwaredd ganrif ar bymtheg.

Nid af i'n awr ar ôl dadl fawr a grymus pamffled Mr Gwynfor Evans, ond mentraf ddweud hyn: fod sôn am 'roi cyfle i bob plentyn ddysgu Cymraeg' yn wacsaw. Gwneud cymrodedd â pholisi o addysg Seisnig yw hynny; cadw addysg yn Seisnig a rhoi rhyw dipyn o ddiletantiaeth Gymraeg i mewn er mwyn *sentiment*.

Cyn i olion Cristnogaeth ddarfod o Gymru, fe ddylid cyhoeddi'n awr mai gwerthoedd ysbrydol a ddylai fod flaenaf mewn addysg. Trychineb yw addysg ac ysgol oni roddir hawliau'r enaid a thwf cymesur personoliaeth y plentyn o flaen pob mantais economaidd. A'r ffaith foel yw nad yw hawliau enaid plentyn o Gymro neu Gymraes na thwf cymesur personoliaeth plant Cymru ddim yn cyfrif ond ychydig iawn yn holl gyfundrefn addysg Cymru heddiw.

Nid 'rhoi cyfle i bob plentyn ddysgu Cymraeg' — rhoi cyfle! — nid dyna'r nod priodol i addysg. Rhaid dadlau o ddifrif yng Nghymru dros egwyddorion a ystyrid yn boenus o eglur ac ystrydebol mewn cymdeithas wâr.

Mae'n ddigalon braidd gweld rhieni Cymraeg yn y trefi yn mynd mor wylaidd at bwyllgorau addysg eu hawdurdodau lleol i ofyn am ysgolion Cymraeg. Fe

76

glywir amdanynt yn arwyddo deisebau, yn anfon dirprwyaeth at yr awdurdod lleol, yn aros yn amyneddus am ateb, yn goddef nacâd neu hir oedi a diystyrwch dirmygus weithiau. Y mae'r syniad wedi gwreiddio ynom ni'r Cymry mai'r Wladwriaeth piau ein plant ni.

Byddai'n dda i'r Cymry ddeall, hyd yn oed yn ôl cyfraith Loegr heddiw, nad oes raid i neb anfon plentyn i ysgol.

Y mae'n gwbl rydd a chyfreithlon i fam gadw plentyn gartref hyd at un ar ddeg, ie hyd at bymtheg, a gofalu ei hunan am ei holl addysg. Mae'n gwbl rydd a phosibl i famau drefnu gyda'i gilydd i ddyfod â'u plant bychain ynghyd i dŷ preifat a'u dysgu a'u diddori, a rhannu'r gwaith hwnnw rhwng y mamau. Hynny hefyd fyddai orau i blant hyd at saith oed. Hynny a wneir gan gyfoethogion ym mhob gwlad, a bydd y plant, fechgyn a merched, gartref yn gyffredin hyd at ddeg oed dan athrawes breifat. Mae gan y tlawd yn union yr un hawl.

Y mae hawliau'r rhieni yn blaenori hawl y Wladwriaeth a'r awdurdod lleol. Mae gan rieni Cymraeg hawl i ysgol Gymraeg i'w plant, a gallant apelio at y Gweinidog yn erbyn awdurdod addysg gwrthnysig yn union megis y gall corff crefyddol. Gallant wrthod anfon eu plant i ysgol Seisnig neu Saesneg; ac fe ddylent wrthod os gwrthodir eu cais hwythau am ysgol Gymraeg. O na bai gennych chwi, rieni Anghydffurfiol Cymraeg, y ddegfed ran o argyhoeddiad y Pabyddion di-Gymraeg ar egwyddorion addysg. Ebr Mr H.R. Thomas yng nghyfarfod pwyllgor addysg Swydd y Fflint, 'Os collwn yr iaith, collwn ddiwylliant Cymru, ac o golli hwnnw collir argyhoeddiad crefyddol i lawer. Y mae ein capeli Cymraeg mewn perygl.' Sicr iawn eu bod mewn perygl. A oes ots gennych? Os oes, y mae'r moddion i'w achub yn eich dwylo chwi yn ôl Deddf Addysg 1944.

Crynhoad, Hydref 1949

YN rhifyn Ebrill 11, cyhoeddodd *Y Faner* grynodeb da o anerchiad yr Athro G.J. Williams i gynhadledd Undeb Cenedlaethol Athrawon Cymru. Yna, Ebrill 18 cafwyd gan G.O.W. yng ngholofnau 'Cwrs y Byd' drafod pwysig a golau ar anerchiad yr Athro. Mae trafodaeth ddeallus ar bwnc o bwys i fywyd ein cenedl yn gymwynas i ddiolch amdani. Cododd yr Athro Williams fater nad oes odid ei bwysicach, a deliodd ag ef yn bwyllog. Gwelaf fod Dr Griffith Evans yn dweud amdano yn y *Manchester Guardian* fel hyn: 'Professor G.J. Williams's diatribe, if it is correctly reported, is nonsense.' Trueni na fedr rhai dynion ddim ymbwyllo, na defnyddio hyd yn oed y Saesneg yn rhesymol. Pe galwasai Dr Evans fy mhennod i yn fy llyfr *Canlyn Arthur* ar 'Un iaith i Gymru' yn *diatribe,* sef yn ymosodiad chwerw, byddai rhyw iawnder yn hynny; trafodaeth a dadansoddiad a beirniadaeth ofalus a gafwyd gan yr Athro Williams. Beth oedd ei brif bwyntiau ef:

1. Bod y Cymry uniaith yn darfod.
2. Bod gyda hynny ddirywiad anferth yn ansawdd iaith lafar pobl ifanc y wlad.
3. Bod y dirywiad hwnnw yn achosi gwanhad hefyd yn ein llenyddiaeth, gwanhad sydd eisoes i'w ganfod yn arddull awduron.
4. Mai peth dros dro yw bod poblogaeth gyfan gwlad fach yn ddwyieithog.
5. Ni ellir cynnal dwy iaith mewn gwlad, heb gnewyllyn o bobl uniaith a fo'n siarad iaith briod y wlad, onid am gyfnod byr, a rhoi bod un iaith yn iaith swyddogol, a'r llall, yr iaith briod, yn ddiswydd.
6. A thra galler, yn ystod y cyfnod y llwydder hynny, bydd marwolaeth wedi taro'r iaith, bydd ei gallu i greu geirfa'n peidio, a bydd ei llenyddiaeth yn fwyfwy dynwaredol a digreadigaeth.
7. Credaf y dylid dyfynnu dau gymal o'r anerchiad, oblegid ni chraffodd hyd yn oed G.O.W. (sef, mi dybiaf, y Parchedig G. O. Williams, o Goleg Llanymddyfri) ddigon ar y rhain:

   Gweithredu polisi unieithog, sef gwneuthur y Gymraeg yn unig iaith yr ysgolion cynradd a'r ysgolion modern a'r ysgolion gramadeg yn yr ardaloedd hynny lle y mae'r iaith yn fyw — *a dysgu'r Saesneg fel pwnc, ac fel pwnc yn unig . . . Ni bydd modd cadw corff y boblogaeth yn uniaith yn yr hen ddull.*

   ac eto:

   A ellir cadw rhin yr hen iaith lafar a phawb yn deall Saesneg? Mae hyn oll yn dibynnu ar nerth y bywyd Cymreig ac ar yr ymwybod cenedlaethol.

8. Bydd yn dda dal ar y ddwy frawddeg yma hefyd:

   Gellwch ddadlau, bid sicr, nad oes fodd inni dalu'r pris a ofynnir wrth geisio creu cenedl uniaith. Nid fy ngwaith i yw ateb y ddadl hon; fy amcan ydyw dangos fod yn rhaid inni dalu'r pris hwnnw os ydym am ddiogelu dyfodol yr iaith Gymraeg.

Yn awr, mi ddarllenais i nifer o feirniadaethau ar anerchiad yr Athro Williams. Ni welais i fod neb yn gwrthdroi ei resymau. Gwelais fod rhai yn dweud ar unwaith, 'Ni ellir talu'r pris a ofynnir; gan hynny, y mae rhesymau'r Athro yn wallus.' Neu, mewn geiriau eraill, nid oes dim ond polisi dwyieithog yn ymarferol, gan hynny, fe fydd y Gymraeg fyw. Rhesymeg yr estrys:

1. Y mae gelyn yn dyfod ar fy ngwarthaf.
2. Claddaf fy mhen yn y tywod.
3. Gan hynny, ni wêl y gelyn mohonof a byddaf fyw.

Yr unig drafodaeth sylweddol ar anerchiad yr Athro hyd yn hyn yw ysgrif G.O.W. yn *Y Faner* Ebrill 18. Er nad yw hynny ond wythnos yn ôl, mi feiddiaf ddyfynnu un paragraff eto oblegid dyfned y gwir sydd ynddo a phwysigrwydd y neges: os yw'r iaith yn marw, mae'n marw am nad yw'r Cymry'n malio am eu hanes a'u traddodiadau, ac ni faliant am y rhain am nad ymddengys dim yn bwysig ond cyflog a diwallu anghenion y corff.

> Yr hyn sydd ar fin trengi yw'r syniad am ddyn fel creadur rhesymol a fwriadwyd ar gyfer tragwyddoldeb a chanddo gyfrifoldeb anwadadwy i'w Greawdwr. Rhan yw hyn o'r gred Gristnogol am natur bywyd. O dderbyn hon, gwelir lle cenhedloedd a theuluoedd yn y cynllun dwyfol; o'i gwadu, neu'r hyn sy waeth — ei bwrw yn ddirmygus o'r neilltu heb ei hystyried — gostyngir dyn i lefel anifeilaidd. Cyll yr urddas, y gogoniant a'r gostyngeiddrwydd a berthyn i'w iechyd, a llygra'i iaith i'w ganlyn. Mae'n greadur dihanes, digenedl a di-iaith, heb wreiddiau nac yn y byd a ddaw nac yn y byd hwn chwaith.

Dyna baragraff ac ynddo dreiddioldeb proffwydol. Prifathro ysgol i fechgyn yng Nghymru piau'r paragraff, mi dybiaf. Diolch i'r Nefoedd amdano. Prin yw'r cyfryw brifathrawon.

I gynhadledd o athrawon y siaradai'r Athro G.J. Williams ac fel problem ysgol yr ystyriai ef gan hynny y cwestiwn 'un iaith neu ddwy'. A gaf innau ei ddilyn ef a G.O.W. am ychydig a sôn gyntaf am y wedd honno ar y pwnc. Deil G.O.W. y dylid 'gwneud y Gymraeg yn bwnc gorfodol ym mhob ysgol yng Nghymru'. Os trowch chwi at adroddiad y Cyngor Canol ar Addysg Cymru ar Ddyfodol Addysg Uwchradd yng Nghymru, fe geir barn y Cyngor ar 'broblem yr iaith', t. 133-136. Torrais innau fy enw ar waelod yr adroddiad hwnnw a safaf wrth yr hyn a ddywedir ar y dalennau 133-6. (Ni chredaf ychwaith fod hynny'n anghyson â'r nod a roddais yn *Canlyn Arthur*.) Ar gyfer amgylchiadau a sefyllfa heddiw y cyfansoddwyd yr Adroddiad; er hynny, ni chlywais am nac awdurdod addysg nac ysgol o gwbl a roes y sylw lleiaf i'w argymhellion. Yn wir, ni welaf i fod budd o gadw'r Cyngor i fod. Ond fe'm hargyhoeddwyd i, wrth weithio ar yr Adroddiad gyda'r lleill, fod nifer helaeth o blant y mae dysgu ail iaith iddynt o gwbl yn gam â hwy. Mewn ysgolion cynradd ac ysgolion modern yn ardaloedd Cymraeg Cymru heddiw dywed yr Adroddiad:

> Cymraeg sydd i fod yn gyfrwng addysg yn yr ysgol, a dylid rhoi sylw arbennig i'r iaith fel y bydd gan y plant offeryn addas i lefaru ac ysgrifennu. O ran delfryd, yma fel yn yr ardal Saesneg, dylai'r plentyn gadw at un iaith (t. 135).

79

Iechyd meddyliol y plentyn yw'r cyfiawnhad i'r polisi hwn. Dylai'r 'Ysgolion Cymraeg' cynradd sy'n brolio gwyched eu haddysg yn y Saesneg ailfeddwl o ddifrif.

Dyna'r hyn sydd i benderfynu polisi ysgol: lles meddyliol ac ysbrydol a lles corfforol y plentyn. Fe glywir llawer o sôn am ddwyieithogrwydd. Dywedaf ddau beth amdano. Yn gyntaf, nad oes neb wedi ei ddiffinio, na llawer a chanddynt ond syniad niwlog beryglus o'r hyn a olyga.

Yn ail, nad oes gan neb, neb seicolegydd na meddyg, unrhyw wybodaeth sicr am effaith dwy iaith ar gyflwr meddwl plant. Bûm yn holi seicolegwyr ar y pwnc. Dywedodd un doctor o ferch o'r Almaen wrthyf ei bod yn astudio'r pwnc ers blynyddoedd ac yn casglu tystiolaeth; cafodd hi fod pobl mewn gwledydd lle yr oedd yr iaith yn bwnc ymryson politicaidd, yn cynddeiriogi pan awgrymid y gallai'r effaith seicolegol o fyw gyda dwy iaith fod yn niweidiol, a bod eu cynnwrf yn arwydd ac yn dystiolaeth seicolegol o gryn bwys. Yn wir, y mae cryn dystiolaeth fod dysgu dwy iaith, yn arbennig cyn un ar ddeg oed, yn llesteirio twf meddwl y mwyafrif o blant. Ac y mae peth tystiolaeth fod ceisio byw gyda dwy iaith yn achosi trafferthion pathologaidd, trafferthion moesol a nerfus, i lawer o bobl ifainc. Y mae lle i gredu fod cyflyrau pathologaidd yn fwy cyffredin ymysg pobl ifainc Cymru nag ymhlith pobl ifainc gwledydd o'i chwmpas, a hynny i fesur oblegid ansefydlogrwydd iaith. Gellir yn hyderus briodoli diffyg annibyniaeth a diffyg antur fasnachol a chymdeithasol y Cymry i effeithiau pathologaidd dwy iaith.

Wrth gwrs, fe geir lleiafrif y mae'n ddifyr ganddynt feistroli ieithoedd. Ond gormes greulon yw rhoi i'r holl blant addysg nad yw'n gweddu ond i ychydig iawn. Dyna a wneir yn holl ysgolion gramadeg Cymru. Mae'r effeithiau yn andwyol a pharhaol.

Ni fedraf i yn fy myw ddeall agwedd y capeli a'r enwadau Anghydffurfiol Cymraeg tuag at y materion hyn sy'n faterion bywyd neu angau iddynt hwy. Trwy garedigrwydd a mawrfrydigrwydd rhyfedd y Weinyddiaeth Addysg mi fûm i mewn swrn o ysgolion gramadeg. Mi welais yn fynych blant o gartrefi Cymraeg ac o gapeli Cymraeg yn cael eu holl addysg grefyddol yn yr ysgol ramadeg yn Saesneg. Mi welais ac mi glywais arolygwyr y Weinyddiaeth yn pwyso am newid hynny. Ni chlywais am weinidog na chorff diaconiaid eglwys na chyfarfod eglwysig yn ymddiddori ddim yn y mater. Bu brwdfrydedd rhyfedd yn ddiweddar yng Ngogledd Cymru i geisio atal codi ysgol uwchradd Gatholig. Ni all ysgol uwchradd Gatholig — boed hi mor anghymreig ag y bo — ladd capeli Cymraeg nac effeithio'n ddrwg ar fywyd crefyddol plant o gapeli Cymraeg. Ond fe all ac fe wna addysg grefyddol Saesneg yn yr ysgol droi geirfa'r bregeth Gymraeg a'r weddi Gymraeg a geirfa diwinyddiaeth a defosiwn Cymraeg yn gwbl ddieithr i blant y gynulleidfa yn y capel Cymraeg a pheri ffalster niweidiol yn eu holl fywyd a thlodi ysbrydol.

Er pan ddeuthum i i'r Eglwys Gatholig ni ddywedais i air, hyd y cofiaf — ac felly y gobeithiaf — i ddifrïo Ymneilltuaeth Gymraeg. Dymunaf â'm holl galon adnewyddiad bywyd a grym ac arswyd argyhoeddiad credo i'r holl enwadau hyn.

Ond gan Dduw na pheidient hwy â chyfrif crefydd yn fater hobi'r Sul a'r noson seiat, ac y gwelent fod eu credo a'u cyffes yn rhoi iddynt hawl ac yn rhoi arnynt ddyletswydd i fynd i mewn i ysgolion eu hardaloedd a mynnu bod yr ysgol yn gwasanaethu'r capel neu'r eglwys mewn iaith ac mewn egwyddor.

I athrawon y traddodai'r Athro Williams ac o safbwynt athro ysgol y sgrifennodd G.O.W.; er hynny, fe welodd ac fe ddywedodd y ddau mai'n rhannol yn unig y mae'r broblem hon yn broblem ysgol. Dyfynnaf G.O.W. eto:

> Am fod cyflwr yr iaith a chyflwr Cymru yr hyn ydyw y mynnwn hawl i'r genedl ei llywodraethu ei hun. Rhaid gosod y Gymraeg ar yr un tir â'r Saesneg ym mywyd ein cymdeithas cyn y gellir disgwyl iddi ennill ei lle ym mywyd ein pobl yn gyffredinol. Dim ond trwy osod arni'r bri a'r urddas amlwg, gweledig a haedda y gellir perswadio'r miloedd na welant ar hyn o bryd unrhyw gysylltiad rhyngddi a'u bywyd beunyddiol hwy, i'w chymryd o ddifrif.

Yn sicr, nid yw hyn ond y gwir. Ffolineb a chamwri â phlant yw polisi o addysg Gymraeg yn yr ysgol a holl fywyd cymdeithasol a swyddogol eu bro yn Saesneg.

Sylwer mai ym mhlaid y Cymry gwrth-Gymraeg y mae'r flaenoriaeth a'r egni oll y dyddiau hyn. Y maent hwy'n awr yn ceisio gwthio Saesneg ar yr Eisteddfod Genedlaethol, ac, wrth gwrs, y mae'r cyngherddau eisoes ganddynt. Ceisiant gael agor y sinemâu ar y Sul yn holl drefi poblog Cymru. Tyf polisi'r Blaid Lafur yn Neau Cymru yn agored wrth-Gymreig ac yn wrth-Gymraeg. Cynhelir ymchwiliadau'r Llywodraeth yng Nghymru yn Saesneg, ac ni chafwyd eto gais o ddifrif i roi i'r Gymraeg statws swyddogol yn awdurdodau lleol Cymru. Penodir clercod di-Gymraeg i gynghorau y mae'r mwyafrif o'r aelodau yn Gymry lletchwith eu Saesneg. Lleiafrif hyd yn oed o'r cynghorau gwledig sy'n trafod eu busnes yn Gymraeg. Goddefir hyn oll gan yr holl gyrff Cymreig, crefyddol, diwylliannol, politicaidd. Y mae'r Brifysgol yn wynebgaled Saesneg a'i holl golegau. Rhai o ddosbarthiadau allanol y colegau yw'r llannau cysur yn y diffeithdra. Onid yw'n eglur mai ymgyrch eithafol benderfynol i roi i'r Gymraeg yn ebrwydd statws a swyddogaeth a bri a pharch yng Nghymru yw'r angen presennol? Mae'n bwysicach hyd yn oed na'r angen am senedd. Canys heb hynny byddai senedd Gymreig yn gynhadledd o arweinwyr llyfrion, pathologaidd, yn ymddwyn mor egnïol â chyngor sir neu bwyllgor addysg.

Y Faner, 25 Ebrill 1951

YMDDENGYS i mi fod memorandwm Mr William George ar le'r iaith Gymraeg yn nhrafodaethau awdurdodau lleol Cymru yn ddogfen o bwys a gwerth sy'n haeddu ystyriaeth ddwys. Dylid ei gyhoeddi'n bamffled a rhoi'r ystadegau oll yn llawn. Mi hoffwn dorri ar fy nodiad am hyd brawddeg yn y fan hon i fynegi f'edmygedd parchus o'r hynafgwr cadarn hwn sydd drwy flynyddoedd lawer wedi sefyll dros egwyddorion cenedlaethol yng ngwaith awdurdodau gweinyddol lleol; un o'n tywysogion ni, fel yr haerais i, mae'n dda gennyf gofio, chwarter canrif yn ôl.

Y dull gorau i ddangos fod y sefyllfa'n ddrwg yw craffu ar yr adroddiadau am y Cynghorau Sir:

> Sir Gaernarfon: Cymry o ran iaith yw'r mwyafrif o aelodau'r cyngor; Saesneg yw'r iaith fwyaf arferedig.
>
> Sir Fôn: 53 yn Gymry Cymraeg, saith aelod Saesneg; Saesneg yw'r iaith arferol.
>
> Sir Ddinbych: Un Sais. 'Y mae'r iaith a ddefnyddir yn gymysglyd, a'r aelodau'n siarad Cymraeg neu Saesneg yn ôl eu dewis.' Adroddiad anfoddhaol.
>
> Sir Fflint: Tri o bob wyth aelod yn Gymro Cymraeg, pump o bob wyth yn Saesneg ei iaith. Saesneg yw unig iaith y cyngor.
>
> Sir Feirionnydd: Un Sais ar y cyngor. Saesneg yw'r iaith fwyaf arferedig, ond 'y mae rhai o'r pwyllgorau yn bur Gymraeg'.
>
> Sir Drefaldwyn: Un o bob pump o'r aelodau'n Gymro Cymraeg. Saesneg yw iaith y cyngor.
>
> Sir Aberteifi: Pedwar Sais allan o 76 ar y Pwyllgor Addysg; Saesneg yw iaith y pwyllgor.
>
> Sir Gaerfyrddin: Naw Cymro i bob Sais. Saesneg yw iaith y cyngor.
>
> Sir Benfro: Saesneg yw'r iaith. Y mae ar Gyngor Cemaes 35 Cymro Cymraeg, un Sais, ergo, Saesneg yw'r iaith.
>
> Sir Faesyfed: Sir hollol Saesneg yn ôl yr atebion.
>
> Sir Fynwy: Sir hollol Saesneg yn ôl yr atebion.
>
> Sir Frycheiniog: Cyfartaledd Cymry i Saeson rhwng 25% a 50%. Saesneg yw'r iaith.
>
> Sir Forgannwg: Rhwng 35% a 50% o aelodau'r Cyngor yn medru Cymraeg. Saesneg yn unig a ddefnyddir.

Dywed Dr George, 'Dengys yr atebion hyn fod y mwyafrif o gynghorau Cymru eisoes wedi mabwysiadu polisi o drafod busnes y cyngor yn Saesneg yn hytrach nag yn Gymraeg. Mewn geiriau eraill, y maent mewn effaith wedi penderfynu alltudio'r Gymraeg o'r diriogaeth hon o fywyd cyhoeddus y genedl. Y tebyg yw mai'n ddigon difeddwl y llithrodd aml Gyngor i'r arfer trychinebus hwn; ond ymddengys yn hollol eglur i'r polisi hwn gael ei fabwysiadu gan gynghorau a mwyafrif o Gymry yn aelodau ohonynt, a hynny heb roddi ystyriaeth o gwbl i effeithiau polisi o'r fath ar dynged yr iaith Gymraeg — ac o ganlyniad ar hunaniaeth a bywyd y genedl.'

Y mae'n gofyn wedyn baham yr ymddŵg y cynghorau Cymreig fel hyn. Un ateb a roddir yw cwrteisi'r Cymro tuag at y Sais. Ail ateb a roddir yw bod y mwyafrif o'r cynghorwyr Cymraeg yn gwybod, yn deall ac yn siarad Saesneg yn well na Chymraeg, a hynny oblegid yr addysg a gawsant.

Am yr ateb cyntaf, gorau po fyrraf y bo fy marn: nid fel cwrteisi y cymerir ef gan y Saeson, ond fel hawl. A'r Sais sy'n iawn, nid cwrteisi mohono, ond cydnabod hawl. Cofier mai etifeddiaeth Saesneg ydyw llywodraeth leol yng Nghymru, a bod Deddf Uno 1536 yn aros gyda'i holl ddylanwad a grym. Fe fu deiseb genedlaethol yn 1939 i roddi i'r Gymraeg gydraddoldeb statws â'r Saesneg yn llysoedd barn ac yn holl weinyddiaeth llywodraeth leol yng Nghymru. Bradychodd aelodau Seneddol Cymru y ddeiseb honno, ac fe werthasant achos Cymru i Mr Herbert Morrison. Y mae Deddf 1536 a'i gwarth yn sefyll heddiw. Peth drwg yw deiseb genedlaethol y gall y genedl ei hanghofio mor hawdd.

Deuaf at yr ail reswm, a dyfynnaf o eiriau Dr George, 'Dynion canol oed — neu dros hynny — ydyw mwyafrif mawr ein Cynghorwyr. O ganlyniad magwyd hwy o dan y gyfundrefn Seisnig a fodolai yn ei pherffeithrwydd yn nyddiau eu maboed hwy. Ar ôl tyfu'n ddyn a dod yn aelod o Fwrdd Cyhoeddus, sylweddola'r Cynghorydd hwn fod rhaid iddo, er mwyn meistroli'r iaith, astudio deddfau ei chyfansoddiad; ond cofia gyda gofid mai dyna'r union beth na ddysgwyd iddo yn ysgolion ei wlad. Petrusa felly pa gwrs i'w gymryd — teimla fod yr iaith lafar a ddefnyddia'n gyffredin braidd yn fratiog ac anurddasol, ac y gall ef ei fynegi ei hun yn fwy boddhaol yn y Saesneg a ddysgwyd iddo yn yr ysgol.'

Gyda phob parch a gofal, mi anturiaf ddau sylw ar y paragraff hwn. Yn gyntaf, ni chredaf mai oblegid nad astudiodd ef ramadeg a chystrawen y Gymraeg, nac ychwaith oblegid unrhyw ofn fod ei iaith lafar yn anurddasol y mae ar y cynghorydd canol oed betruster. Mi dybiaf fod y cynghorwr gwledig canol oed yn gwybod yn ddigon siŵr fod ei dafodiaith ef ac iaith y pulpud a'r seiat yn ddigon urddasol hefyd i'r cyngor sir. Ond y mae un anhawster hollol ymarferol: hyd yn oed mewn llywodraeth leol y mae llu o eiriau technegol o bob math, enwau ar offer, ar ddefnyddiau, ar swyddi a swyddogion, ar bapurau a chyfrifon, ac ni ŵyr y cynghorydd yr enwau Cymraeg arnynt, nid oes ganddo eirfa dechnegol Gymraeg ar gyfer llywodraeth leol a'i holl fusnes. Mae'r termau Saesneg yn hen gynefin, deuant o Lundain ar bapurau Whitehall, maent mor gynefin i holl glercod yr awdurdodau fel na wyddant mai termau technegol ydynt. Ac yn y Gymraeg nid oes termau technegol hysbys, sathredig, cynefin i bawb, ac yn dwyn eu harwyddocâd a'u hawyrgylch i'w canlyn. Gan hynny, fe glyw'r cynghorydd gryn chwithdod wrth siarad yn Gymraeg ar y cyngor a'i holl dermau anhepgor yn Saesneg. Nid oes arno gywilydd o gwbl o Saesneg anurddasol os bydd ei dermau technegol yn glir a diogel.

Yn ail, nid yn nyddiau maboed cynghorwyr canol oed a thros hynny yr oedd y 'gyfundrefn Seisnig o addysg yn ei pherffeithrwydd'. Y mae addysg yn sir Gaernarfon yn fwy Saesneg heddiw nag ydoedd ddeugain mlynedd yn ôl. Gair rhyfygus meddwch chwi? Yr wyf yn sgrifennu'n ystyriol. Deugain mlynedd yn ôl, rhan yn unig o addysg plentyn oedd ei addysg ysgol Saesneg. Fe'i haddysgid ef hefyd, ac yn llwyrach, gan ei gapel, ei seiat, ei gyfarfod darllen a'i gyfarfod plant a'i holl amgylchfyd Cymraeg cyfoethog a da. Heddiw, ei ysgol a'r radio a'r sinema yw ei holl addysg, bron iawn. Ac yn ysgolion uwchradd sir Gaernarfon nid oes i'r iaith Gymraeg ond statws hollol israddol; nis defnyddir i ddysgu drwyddi'r llu mawr o bynciau sydd yn rhoi i ddynion ifainc feistrolaeth ar eirfa dechnegol rwydd ac amryfath. Nid yw hi'n gyfrwng addysg yn y pumed a'r chweched dosbarth i ddysgu dim ond y Gymraeg — ac, weithiau, wedi taer gymell arolygwyr y weinyddiaeth addysg, 'gwybodaeth grefyddol', fel y gelwir hi. Heddiw, nid oes gan y mwyafrif o blant ysgolion uwchradd y siroedd Cymreicaf yng Nghymru na thafodiaith dda na geirfa eu tadau. Canys cynnyrch sefydliadau cymdeithas yw geirfa, ac y mae'r hen sefydliadau cymdeithasol Cymraeg yn dadfeilio'n gyflym.

Cytunaf yn galonnog â'r hyn a argymhellir gan Dr George yn y paragraff canlynol, 'Dymunem felly ddatgan ein barn yn groyw mai dyletswydd y Cynghorydd uchod a'i frodyr mewn cyffelyb gyflwr ag yntau ydyw traethu ei feddwl yn y Gymraeg orau a fedd, a chymryd poen, o bydd angen, i loywi y Gymraeg honno fel yr enillo hyder a phrofiad. O golli ei hiaith, Cymru heb wreiddiau, a Chymru a werthasai ei threftadaeth fyddai ein gwlad.'

Mae'r pwynt yn un dewr a chywir: dyletswydd pob cynghorwr a fedro yw llefaru Cymraeg ar ei gyngor, hyd yn oed pan fo'n Gymraeg tlawd. Mae'n werthfawr fod hynny wedi ei ddweud. Ond gyda hynny fe ymddengys i mi fod yn rhaid gwasgu ar y cynghorau sir yn y rhannau Cymraeg a'r rhannau hanner-Cymraeg o Gymru yr angen am fabwysiadu polisi ynglŷn â'r Gymraeg.

Bydd pawb yn cytuno ar yr egwyddor yma: y mae diogelu a sefydlu ffyniant yr iaith Gymraeg yn bwysicach i genedl y Cymry nag ennill Senedd i Gymru. Canys os gellir, hynny yw, os mynnir sicrhau ffyniant yr iaith Gymraeg yn y deng mlynedd hyn sydd o'n blaen, yna fe fydd Senedd i Gymru'n debygol o ddilyn. Fe all yr iaith gadw'r genedl; ni all Senedd wneud hynny heb yr iaith.

Ar garn yr egwyddor yna gellir dal fod dau bolisi ar gyfer yr iaith yn ofynnol:

Yn gyntaf, cydnabod yr iaith Gymraeg yn iaith swyddogol gan gynghorau sir Cymru. Golyga hynny fod yn rhaid apwyntio swyddogion a fedr yr iaith yn drwyadl, a bod ei medru o hyn ymlaen yn gymhwyster anhepgor yn eu gwasanaeth. Nid yw hyn yn golygu alltudio Saesneg o gwbl oll. Ond y mae'n rhoi i'r Gymraeg gydraddoldeb llwyr yn holl lywodraeth leol Cymru, ac nid yw hynny ond yr hyn sy'n arfer ym mhob gwlad lle y mae dwy iaith yn cydfod.

Yn ail, rhaid yr un pryd sefydlu addysg Gymraeg uwchradd, yn yr ysgolion gramadeg a'r ysgolion modern yn holl ardaloedd Cymraeg y dywysogaeth. Golyga hynny ddysgu'r Saesneg fel ail iaith, yn union fel y dysgir Cymraeg yn yr ysgolion gramadeg heddiw. Golyga, yn y rhannau y mae'r ddwy iaith yn gymysg ynddynt, fod dwy ysgol dan yr unto, un yn Gymraeg a'r llall yn Saesneg. Ceir hyn eisoes wedi ei argymell yn adroddiad cyntaf y Cyngor Ymgynghorol Cymreig ar addysg uwchradd. Y pwynt y ceisiaf bwyso arno'n awr yw bod hyn yn chwyldroad mewn addysg yng Nghymru, ond yn chwyldroad na ellir hebddo gadw'r Gymraeg yn iaith fyw ac yn iaith effeithiol mewn cymdeithas a gweinyddiaeth. Mae hyn bellach yn angerddol angenrheidiol. Hebddo, ofer pob sôn am gadw'r Gymraeg na chadw'r genedl, ac nid yw Senedd i Gymru heb hyn ond gwagedd o wagedd. Ac fel pwynt ymarferol, y mae'n rhagrith ac yn annhegwch amlwg ceisio gosod y Gymraeg yn iaith arferol awdurdod lleol a'r un pryd roddi iddi statws y Ffrangeg neu iaith dramor arall yn ysgolion uwchradd yr awdurdod. Os mynnwn ni ei dwyn i mewn i weinyddiaeth a llywodraeth, rhaid inni roddi iddi'r eirfa a'r ymarfer yn y gwyddorau anhepgor ar gyfer hynny. Yn wir, mae arna' i gywilydd dadlau a thaeru pethau sy mor eglur â bod dau ac un yn dri.

Y mae yng ngallu'r awdurdodau lleol, y cynghorau sir a'r awdurdodau addysg, yr awr hon ddiogelu dyfodol yr iaith Gymraeg ac felly gadw Cymru'n genedl. Dywedaf hyn a chredaf hyn. 'Wn i ddim o gwbl a wnânt hwy hynny. Ni chredaf y gwnânt heb eu cynhyrfu a'u cymell yn chwyldroadol. Pwy a eill eu cymell? Y bobl a'u hetholodd ac y sy'n talu trethi iddynt ac yn danfon eu plant i'w hysgolion. Gan hynny — y mae rhesymeg y mater yn gorfodi cydnabod — maes ymarferol pwysicaf gwleidyddiaeth Gymreig yn awr yw'r cynghorau sir. Byddai'n dda pe gellid argyhoeddi Plaid Cymru o hyn. Byddai'n dda pe gellid argyhoeddi pob un ohonom o hyn. Y mae'r elyniaeth i'r Gymraeg mewn addysg uwchradd a'r elyniaeth i'r Gymraeg fel iaith swyddogol yn ffyrnicach ddigon na'r elyniaeth i fesur o hunanlywodraeth i Gymru. O du'r athrawon hefyd fe gyfyd gwrthwynebiadau lu a gofyn ble mae'r eirfa? Ble mae'r llawlyfrau? Ond y mae'r peth wedi ei lwyddo ym Melg, yn Neheudir yr Affrig, yn Mhalestina, mewn ieithoedd heb ganddynt ddegwm cyfoeth nac ymarfer y Gymraeg. Beth sydd gan yr Affricanwyr, y Belgiad, yr Iddew, y Gwyddel, nad ydyw gan y Cymro? Ac ni soniais am wledydd llawer yng ngogledd Ewrop. Pa wenwyn sy'n ysu'r celloedd coch yng ngwaed pob Cymro? Onid yw'n wrthun meddwl mai ni yw'r unig genedl sy'n aros yn Ewrop heb na phrifysgol na choleg athrawon yn defnyddio iaith y wlad yn gyfrwng addysg? Mae'r cwbl yn mynd gyda'i gilydd, yn gyrru'r Gymraeg i'w thranc, a gyrru'r Gymraeg i'w thranc yw gyrru Cymru i'w thranc. Dengys adroddiad Mr William George mor gyflym y mae'r peth yn digwydd. Yr wythnos diwethaf yr oedd gweinidog gyda'r Methodistiaid Calfinaidd yng Ngogledd Cymru yn cyhoeddi fod crefydd yn bwysicach nag iaith, ac y dylai'r eglwys ystyried newid eu hiaith. Arwyddocaol dros ben. Ond wrth gwrs, hanner gwirionedd twyllodrus yw bod crefydd yn bwysicach nag iaith. Y mae crefydd hefyd ynghlwm wrth iaith. Nid enaid yw dyn, ond corff ac enaid yn gymhleth gytûn. Bodloni i golledion ysbrydol anhraethadwy yw bodloni i newid iaith. Buddiannau materol, nid buddiannau ysbrydol a elwa oddi wrth hynny.

Y Faner, 20 Mehefin 1951

DWY IAITH NEU UN?

ANODD wynebu'r gwir. Y mae fy nhwyllo fy hun yn fwy cysurus. Dyna'r casgliad y deuthum i iddo wedi darllen y bennod ar Gymru ym mhamffled newydd y Weinyddiaeth Addysg, *Language, some suggestions for teachers of English and others.*

Dywed yr adroddiad fod polisi presennol yr awdurdodau addysg yng Nghymru yn llawer mwy goleuedig na pholisi Llyfrau Gleision 1846 neu hyd yn oed Matthew Arnold.

Polisi 1846 oedd codi'r Cymry druain allan o bydew tywyll Cymreigrwydd a rhoi iddynt oleuni haul y diwylliant Saesneg.

Polisi heddiw, polisi'r awdurdodau Cymreig a'r Weinyddiaeth, yw rhoi i bob mab a merch a aner ac a fager yng Nghymru y cwbl sydd orau yn yr iaith a'r diwylliant Saesneg a'r cwbl hefyd o'r diwylliant Cymraeg. Felly bydd Cymru'n rhan o'r byd Saesneg ac yn cadw'r iaith Gymraeg. Bydd pob Cymro yn Sais-a-Chymro.

Y gwahaniaeth a welaf i rhwng polisi 1846 a pholisi heddiw yw mai'r un yw'r diben ond bod pobl 1846 yn onest.

A gaf i ddweud y gwir fel y gwelaf i ef ar y mater hwn? Ni cheisiaf ddadlau. Dim ond dweud y peth yn syml.

Yn gyntaf, ffars ar hyn o bryd yw'r cogio dysgu Cymraeg i'r rhai heb Gymraeg yn ysgolion Cymru. Nid ffars yw'r dysgu Saesneg.

Yn ail, oni chadwer rhyw ddarn o ddaear Cymru yn wlad uniaith Gymraeg, ofer pob sôn am gadw'r Gymraeg yn fyw yng Nghymru.

Yn drydydd, os bydd darn o'r boblogaeth yng Nghymru yn uniaith Gymraeg y mae modd ac angen i ddarn arall fod yn ddwyieithog. Ni all y boblogaeth ddwyiaith ffynnu heb boblogaeth uniaith.

Yn bedwerydd, cyfnod interim, cyfnod dros dro, cyn troi Cymru'n uniaith Saesneg fydd y cyfnod y bydd Cymru gyfan heb Gymro uniaith Gymraeg.

Yn bumed, ffars yw sôn am gydraddoldeb rhwng Cymraeg a Saesneg nes bod Cymraeg yn iaith swyddogol a ddefnyddier yr un fath â'r Saesneg ar bob cyngor sir a thref a llys barn a swyddfa treth incwm yng Nghymru.

Yn olaf, pan fydd y Cymry Cymraeg yn mynnu cydraddoldeb llwyr rhwng Cymraeg a Saesneg ym mywyd gweinyddol Cymru, yna fe wêl awdurdodau addysg Cymru fod rhyw reswm dros addysg Gymraeg effeithiol yn yr ysgolion.

Ond 'mynnu' a ddywedais i. Gair marw yw 'mynnu' yn Gymraeg.

Empire News, 23 Ionawr 1954

TRANC YR IAITH

GWELAF yn *Y Faner* fod ysgolhaig unwaith eto'n rhybuddio y bydd yr iaith Gymraeg farw cyn terfyn yr ugeinfed ganrif.

Y mae hynny'n ddigon posibl, ac os amcan dweud hynny yw dychryn pobl a'u cyffroi hwynt i fynd ati i geisio rhwystro'r golled, yna da iawn yw ei ddweud. Proffwyd da yw hwnnw sy'n rhwystro cyflawni ei broffwydoliaeth.

Ond y mae rhai yn ein mysg sy'n torri eu calonnau oherwydd y peth. Y mae'r Gymraeg iddynt hwy eisoes ar ei gwely angau; y maent hwythau'n clymu crêp am eu tafodau ac ar gychwyn i'r angladd. Ni fynnant mo'u cysuro.

Caredigion y Gymraeg yw nifer o'r rhain, ie cariadon y Gymraeg. Mae gennyf barch iddynt a chydymdeimlad â'u poen. Er hynny, dadleuaf yn eu herbyn.

Bydd y Gymraeg fyw o leiaf ar ôl fy nghladdu i. Y mae hynny cyn sicred â'r rhan fwyaf o bethau dynol: ac i mi fel ysgrifennwr ac awdur y mae hynny'n llawer. Mi af ymlaen, tra bo f'ymennydd yn weddol, i sgrifennu fel cynt. Nid myfi yw'r truan hwnnw, y llenor Cymraeg olaf.

Byddai'n braf, wrth gwrs, ac yn briodol dros ben feddwl y bydd pob gair a sillaf o'm gwaith fyw ganrifoedd lawer ar fy ôl. Ond gydag ymdrech mi ymwadaf â'm haeddiant. Cyhoeddaf yn awr nad oes arnaf angen gwarant anffaeledig y bydd y Gymraeg fyw hyd at Ddydd Brawd cyn sgrifennu drama arall neu lith arall i'r *Empire News*.

Wedi'r cwbl, rhyngoch chi a minnau, nid wyf i gymaint â hynny'n well dramäydd na Soffocles.

Heblaw hynny, efallai fod diwedd y byd yn agos. O leiaf, y mae'n debygol fod diwedd Ewrob yn agos.

Mae gennyf i ffydd a chryn hyder siriol yn effeithiolrwydd y bom hydrogen. Nid oes dim a wn i am ddynion ac am lywodraethwyr a bair imi amau na ddefnyddir y bom.

Oblegid hynny mi dybiaf i fod siawns y Gymraeg i fod yn iaith fyw tua'r flwyddyn 1980 gystal â siawns y rhan fwyaf o ieithoedd Ewrob.

Yn ein hiaith yr ydym ni Gymry'n wynebu problem foesol Ewrob oll yng nghanol yr ugeinfed ganrif.

Beth, gan hynny, a wnawn ni? Yr unig beth call a dynol: gwneud a fedrwn i amddiffyn a hybu'r iaith a brwydro dros ei hawliau tra byddwn. Heb boeni ormod ai ennill ai colli a wnawn.

Wrth gwrs y mae gan y Gymraeg elynion egnïol o hyd yng Nghymru.

Nid llywodraeth Loegr na'r swyddogion o Saeson yng Nghymru yw gelynion pennaf y Gymraeg, eithr y Cymry mewn swyddi o awdurdod.

Oblegid hynny y mae cael cydnabod y Gymraeg yn iaith swyddogol gydradd â'r Saesneg yn holl fywyd gweinyddol Cymru yn bwysicach lawer na chael senedd i Gymru.

A ystyriodd hyrwyddwyr y ddeiseb dros senedd beth fyddai'r canlyniad o gael senedd Saesneg i Gymru yng Nghymru?

Empire News, 23 Ionawr 1955

TYNGED YR IAITH

RHAID imi gychwyn a gorffen sgrifennu'r ddarlith hon cyn cyhoeddi ystadegau'r cyfrifiad a fu y llynedd ar y Cymry Cymraeg yng Nghymru. Mi ragdybiaf y bydd y ffigurau a gyhoeddir cyn hir yn sioc ac yn siom i'r rheini ohonom sy'n ystyried nad Cymru fydd Cymru heb Gymraeg. Mi ragdybiaf hefyd y bydd terfyn ar y Gymraeg yn iaith fyw, ond parhau'r tueddiad presennol, tua dechrau'r unfed ganrif ar hugain, a rhoi bod dynion ar gael 7n Ynys Prydain y pryd hynny.

Dyna felly lwyddo o'r diwedd y polisi a osodwyd yn nod i Lywodraeth Loegr yng Nghymru yn y mesur a elwir yn Ddeddf Uno Cymru a Lloegr yn y flwyddyn 1536. Chwarae teg i'r Llywodraeth, trwy ryw bedair canrif o lywodraethu Cymru, er pob tro ar fyd, er pob newid ar ddull y Senedd a moddion llywodraeth, er pob chwyldro cymdeithasol, ni bu erioed anwadalu ar y polisi hwn o ddiddymu'r iaith Gymraeg yn iaith weinyddol mewn na swydd na llys nac unrhyw ysgrif gyfreithiol. Meddai cyfreithiwr mewn llys barn yn 1773:

> It has always been the policy of the legislature to introduce the English language into Wales.

Meddai Matthew Arnold, arolygydd ysgolion, yn ei adroddiad swyddogol yn 1852:

> It must always be the desire of a Government to render its dominions, as far as possible, homogeneous . . . Sooner or later, the difference of language between Wales and England will probably be effaced . . . an event which is socially and politically so desirable.

A hyd yn oed yn ail hanner yr ugeinfed ganrif, yn y flwyddyn 1952, yn Siarter y Gorfforaeth Ddarlledu Brydeinig, er yr holl newid a fu yn agwedd a meddwl arweinwyr addysg a diwylliant, fe ofalwyd peidio ag enwi'r iaith Gymraeg yn gynneddf anhepgor ar reolwr a chadeirydd i Gymru.

Nid wyf yn anghofio fod newid dirfawr wedi bod yn yr ysgolion. Heddiw y mae Adran Gymreig y Weinyddiaeth Addysg yn noddi'r Gymraeg a'i chymell ar yr ysgolion yn daerach na'r awdurdodau lleol Cymreig. Caf sôn yn nes ymlaen am arwyddocâd hynny. Eithr y tu allan i fyd y plentyn a'r ysgol erys y ffaith mai Saesneg yn unig sy'n angenrheidiol i bob swydd neu offis weinyddol yng Nghymru. Nid yw egwyddor y Ddeddf Uno wedi llaesu dim, er bod newid o bwys yn agwedd meddwl y Llywodraeth.

Sgrifennai Matthew Arnold bedair blynedd wedi cyhoeddi Llyfrau Gleision 1847. Cefnogi argymhellion y Llyfrau Gleision oedd ei fwriad ef, a rhoes bwyslais ar y ffaith mai polisi politicaidd oedd difodi'r Gymraeg. Trown gan hynny at y Cymry eu hunain, rhag bod brycheuyn yn llygad y Sais yn peri na welom y trawst yn llygad y Cymro. Os darllenwch chi'r rhan hanesyddol o'r Adroddiad ar *Y Gymraeg mewn Addysg a Bywyd*, 1927, fe welwch heddiw fod y darlun o'r unfed ganrif ar bymtheg yn camddehongli'n druenus ystyr llawer o achwynion y Dyneiddwyr Cymraeg am gyflwr yr iaith Gymraeg. Ond y mae'r dyfyniad o ragymadrodd enwog Morris Kyffin a gwynai am ŵr eglwysig o Gymro —

A ddoedodd nad cymwys oedd adel printio math yn y byd ar lyfrau Cymraeg eithr ef a fynne i'r bobl ddysgu Saesoneg a cholli eu Cymraeg.

— y mae hynny'n dystiolaeth deg i farn y mwyafrif mawr o'r gwŷr eglwysig a'r boneddigion Cymreig ar bolisi'r Tuduriaid. Dywedodd Wiliam Salesbury a'r Esgob Morgan yn debyg. Dywedodd Siôn Tudur hynny ar gywydd. Fe wyddom heddiw nad a ddywedid ar goedd ac ar brint oedd gwir farn amryw byd o ddeiliaid Elisabeth y Gyntaf. Gwladwriaeth y siri a'r ysbïwr a'r ceisbwl oedd hi, ac nid a gredai a ddywedai'r call. At hynny, rhaid dehongli geirfa'r Dyneiddwyr.

Mae'n iawn inni gydnabod dwy ffaith. Yn gyntaf, na fu wedi marw Elisabeth hyd at drothwy'r ugeinfed ganrif na chais na bwriad gan neb o bwys yng Nghymru i ddatod dim ar y cwlwm a unodd Gymru wrth Loegr na gwrthwynebiad o unrhyw gyfri i'r egwyddor o deyrnas gyfunol a diwahân. Ar ôl 1536 fe beidiodd y syniad o Gymru'n genedl, yn undod hanesyddol, â bod yn atgof na delfryd na ffaith. Yn ail, o ganlyniad ni bu chwaith unrhyw gais politicaidd hyd at yr ugeinfed ganrif i adfer statws yr iaith Gymraeg na chael ei chydnabod mewn unrhyw fodd yn iaith swyddogol na gweinyddol. Bodlonwyd drwy Gymru gyfan i'w darostyngiad llwyr.

Rhwng y ddwy ffaith hyn y mae cysylltiad clòs. Os un deyrnas gwbl unedig yw Lloegr a Chymru — *homogeneous* yw gair Matthew Arnold — yna mae bod iaith Gymraeg hanesyddol yn dramgwydd politicaidd, yn atgo am gyflwr gwahanol, yn beryg' i'r undod. Dywedwyd yn union hynny yn y Ddeddf Uno, yn y Llyfrau Gleision, a throeon lawer. Ond ar ôl oes Elisabeth y Gyntaf ni ddywedwyd hynny cyn amled yn Gymraeg. Derbyn y naill egwyddor a wnaeth llenyddiaeth Gymraeg, derbyn y Deyrnas Gyfunol. Clasur mawr cyntaf y Deyrnas Gyfunol yn y Gymraeg yw'r *Bardd Cwsc*. Y frenhines Ann gyda Llyfr Statud Lloegr dan ei naill law a'r Beibl dan y llall yw arwr y clasur hwnnw. Dewch gyda mi i gyfnod llawer nes atom, pan oedd adfywiad cenedlaethol Cymru yn hawlio Datgysylltiad yr Eglwys Wladol yn etholiad cyffredinol 1880. Dyma a ddywedodd hen ewythr i mi, John Thomas, Lerpwl, mewn anerchiad yng Nghaernarfon:

Un genedl fawr Brydeinig ydym, o dan yr un Llywodraeth, yn cael ein cynrychioli yn yr un senedd gyffredinol, ac y mae ein gwir nerth yn ein hunoliaeth . . . ac y mae'n rhaid imi ddweud nad oes ynof ond ychydig o gydymdeimlad â'r cri a godir yn y dyddiau hyn am gael Plaid Gymreig yn y senedd.

Yn union yr un safbwynt â Matthew Arnold, ond bod Arnold yn fwy rhesymegol — yn Saesneg y llefarodd ef a mynnai dranc y Gymraeg.

Erbyn y ddeunawfed ganrif ceir digon o dystiolaeth i effeithiau'r Ddeddf Uno ar yr iaith. Dywedodd Thomas Sebastian Price o Lanfyllin mewn llythyr Lladin yn 1700 fod y Gymraeg erbyn hynny wedi peidio â'i harfer oddieithr gan y werin iselradd. Yr oedd Ellis Wynne ar y pryd yn gorffen ei gyfieithiad o *Reol Buchedd Sanctaidd* Jeremy Taylor. Yn y drydedd bennod fe ddaw at drafodaeth ar ddyletswyddau 'y sawl a gâdd eu rhan o'r uchel-swyddau', ac ebr ef:

Dyletswyddau Brenhinoedd a Barnwyr a Llywodraethwyr Gwledig ac Eglwysig, heb law eu bod yn faith ac yn ddyrus, maent hefyd yn ammherthnasol sywaeth i'r Iaith Gymraeg.

Byddaf yn bendithio Ellis Wynne am y *sywaeth* yna, er ei fod ef lawn mor anghyson â John Thomas. Fe gofiwch ei fod ef yn y *Bardd Cwsc* yn dangos y Gymraeg yn iaith llysgenhadon a llythyrau brenhinoedd. Ond, ysywaeth hefyd, Brenin Uffern ac Angau yw'r brenhinoedd: hwy'n unig bellach o lywodraethwyr piau'r Gymraeg.

Felly y bu i'r Ddeddf Uno gau'r Gymraeg allan o lysoedd llywodraethwyr a thai bonedd y deyrnas, allan o fyd arweinwyr cymdeithas lle y ceid trafod pob dysg a thechneg a chelfyddyd a gwyddor. Dangosodd Mr Alwyn Prosser fod Williams Pantycelyn yn cwyno'n debyg:

> O'r holl gelfyddydau ag y mae gwledydd eraill yn ei astudio, ac wedi dyfod i Berffeith-rwydd mawr ynddynt, nid oes brin Lyfr yn Gymraeg ac sydd yn dangos pa beth yw un o'r Celfyddydau hyn . . . Pa cyhyd y goddef y Cymru y fath anwybodaeth a hyn?

Ei oddef a wnaeth y Cymry. Cais arall i edfryd i'r Gymraeg ehangder diddordeb a diwylliant bonedd oedd *Gosodedigaethau Cymdeithas y Cymmrod-orion*, 1755. Dywedodd Richard Morris amdanynt mewn llythyr at William Vaughan:

> Nyni Cymmrodorion a ddatguddiwn i'r byd werthfawrogrwydd yr hen Iaith hon, mewn lliwiau mor bryderth, ag y bydd ei chyfri rhagllaw yn anrhydedd ei siarad ym mhlith Dysgeidigion a Dyledogion y Deyrnas, ie, yn llys y Brenin, mal yr arferid gynt.

Ond ei siomi a'i chwerwi a gafodd Richard Morris yntau. Methodd gan y Cymmrodorion fagu dosbarth canol diwylliedig Cymraeg. A'r ddogfen bwysig nesaf ynghylch sefyllfa a dylanwad y Gymraeg yw adran fawr R.W. Lingen yn Llyfrau Gleision 1847. Brad y Llyfrau Gleision yw'r enw a roddwyd ar yr adroddiad hwn yng Nghymru. Deil Syr Reginald Coupland yn ei gyfrol *Welsh and Scottish Nationalism* mai Brad y Llyfrau Gleision a frathodd i fywyd genedlaetholdeb Cymreig. Coupland yn wir yw'r unig hanesydd sy wedi trafod yr adroddiad yn deg a chytbwys. Prin fod neb awdur o Gymro eto wedi cydnabod yr yrhyn sy'n wir, mai'r Llyfrau Gleision hyn yw'r ddogfen hanesyddol bwysicaf a feddwn yn y bedwaredd ganrif ar bymtheg a bod ynddi stôr o wybodaeth nas defnyddiwyd eto. Ni wnaf i'n awr ond dyfynnu tudalen sydd yn olyniaeth Ellis Wynne a Richard Morris a Williams Pantycelyn, ond bod Lingen yn sgrifennu yng nghanol y chwyldro diwydiannol yn Neau Cymru pan oedd cymoedd y glo a'r haearn yn gyrchfa i filoedd o dlodion amaethyddol ardaloedd gwledig Cymru:

> My district exhibits the phenomenon of a peculiar language — (ystyr *peculiar* yw priodol, iaith neilltuol i'r bobl hynny) — isolating the mass from the upper portion of society; and as a further phenomenon, it exhibits this mass engaged upon the most opposite occupations at points not very distant from each other; being, on the one side, rude and primitive agriculturists living poorly and thinly scattered; on the other, smelters and miners, wantoning in plenty, and congregated in the densest accumulations. An incessant tide of immigration sets in from the former extreme to the latter . . . Externally it would be impossible to exhibit a greater contrast . . . than by comparing the country between the rivers Towi and Teifi with Merthyr, Dowlais, Aberdare, Maesteg, Cwm Afan . . . Yet the families which are daily passing from the one scene to the other do not thereby change their relative position in society. A new

field is opened to them, but not a wider. They are never masters . . . It is still the same people. Whether in the country or among the furnaces, the Welsh element is never found at the top of the social scale . . . Equally in his new as in his old home, his language keeps him under the hatches, being one in which he can neither acquire nor communicate the necessary information. It is a language of old-fashioned agriculture, of theology, and of simple rustic life, while all the world about him is English . . . He is left to live in an under-world of his own, and the march of society goes . . . completely over his head.

Cywirdeb a chraffter Lingen sy'n ein taro ni heddiw. Ychydig dros hanner canrif yn ddiweddarach aeth Mr D.J. Williams *Yn Chwech ar Hugain Oed* i'r pyllau glo yng Nghwm Rhondda. Nid oes dim yn y darlun a ddyry ef o Ferndale ar gychwyn yr ugeinfed ganrif sy'n groes i'r darlun cyffredinol a gafwyd gan Lingen yn 1847. Nid yw'r amgylchiadau na'r cyflwr byw na'r dulliau byw wedi newid fawr. Y mae disgrifiad Lingen o nos Sadwrn a nos Sul ym Merthyr yn rhyfedd o debyg yn ei hanfodion i ddisgrifiad D.J. Williams o'r nosau hynny yn Ferndale. Gwir fod D.J. yn rhoi o helaethrwydd ei gydymdeimlad a'i hoffter o'r natur ddynol ym mhob cyflwr, a Lingen yn dadansoddi'n oer heb flewyn ar ei dafod. Dweud y gwir llym am a welodd ac a glywodd a wnaeth Lingen a dangos tynged anesgor yr iaith Gymraeg a'r gymdeithas a siaradai Gymraeg wedi tair canrif o'u cadw gyda'r

> diawl o dan yr hatsus
> Yn sownd, co bach, dan glo.

Yn ddiweddar bu'r Athro Brinley Thomas yn dangos mai'r chwyldro diwydiannol a gadwodd yr iaith Gymraeg yn fyw yn ail hanner y ganrif ddiwethaf. Heb gymoedd glo a gweithiau'r Deheudir troesai'r dylifiad pobl o Gymru wledig yn dranc i'r Gymraeg megis y bu'r newyn yn Iwerddon yn dranc i'r Wyddeleg. Erbyn 1911 yr oedd llawer rhagor na hanner poblogaeth Gymraeg Cymru yn ardaloedd y glo, 'wantoning in plenty' chwedl Lingen, a dyna sut y llwyddodd *Gwyddoniadur* Thomas Gee a'r cyhoeddi helaeth Cymraeg. Eisoes yn 1847 yr oedd Lingen wedi sylwi ar hyn a rhagweld ychwaneg. Nid oedd gan y Cymry, ebr ef, ddiddordeb mewn gwleidyddiaeth. Dywedodd un tyst wrtho fod y Cymry o'r bryniau a aeth i ymuno gyda Siartwyr Frost yn credu mai cyrchu Llundain oedd eu nod, ymladd yno un frwydr fawr ac ennill teyrnas. Dyna, mi dybiaf i, ddolen gyswllt â'r cywyddau brud a brwydr Bosworth a phropaganda beirdd Rhyfeloedd y Rhos a ddug Harri Tudur i Lundain. Ewch yn iach, Sieffre o Fynwy, clywsom atsain olaf eich Brut. Ar un wedd dyna ddatguddiad rhyfeddaf a mwyaf cyffrous y Llyfrau Gleision. Ond am wleidyddiaeth gyfoes dywedodd Lingen mai Saeson o Loegr a ddygai bob cyffro gwleidyddol i'r meysydd glo Cymreig, a dyna ragweld y Seisnigo ar y mudiad Llafur a oedd i ddwyn Keir Hardie o Glasgow i fod yn arweinydd y Cymry. Ni chyfrannodd yr ardaloedd diwydiannol ddim newydd chwaith i'r bywyd cymdeithasol Cymreig nac i lenyddiaeth yr eisteddfodau. Trefnasant eu bywyd yn y cymoedd poblog ar lun a delw y bywyd gwledig a'r capel yn ganolfan iddo. Yr oedd Anghydffurfiaeth Gymraeg yn clymu'n undod wlad a thref. A'r un pryd yn eu cadw yn eu hunfan.

Os adwaith yn erbyn y Llyfrau Gleision a roes gychwyn i genedlaetholdeb Cymreig yn ail hanner y ganrif, rhaid cyfaddef hefyd mai'r Llyfrau Gleision a orfu. Er cymaint y digofaint a'r cynddaredd a gyffroisant, er cymaint y protestio pybyr oblegid eu darlun du o Anghydffurfiaeth Cymru, yn rhyfedd iawn fe fabwysiadodd Cymru gyfan, Anghydffurfiaeth Cymru'n arbennig, holl bolisi a phrif argymhellion yr adroddiad enbyd. Rhoes arweinwyr y genedl, yn lleygwyr ac yn weinidogion, eu hegni gorau glas i sefydlu cyfundrefn addysg Saesneg drwyadl ym mhob rhan o Gymru o'r ysgol elfennol hyd at golegau normal a thri choleg prifathrofaol, a Siarter Prifysgol i goroni'r cwbl. Casglwyd arian y gweithiwr o Gymro at y colegau prifysgol. 'Rhoes ei geiniog brin at godi'r coleg' er mwyn i'w fab ei hunan beidio â medru nac iaith ei dad nac ystorïau'i dadau na gwybod dim am 'adlais cerddi ei ieuenctid pell'. Mynych y dywedwyd mai'r gwahaniaeth rhwng colegau Prifysgol Cymru a phrifysgolion dinasoedd masnachol a diwydiannol Lloegr yw mai meistri masnach a diwydiant a greodd y sefydliadau Seisnig ond ceiniogau'r werin a gododd golegau Cymru. Diau fod gwir yn hynny; nid yw ond yn chwerwi'r trasiedi. Canys trasiedi eironig a chwerw yw Prifysgol Cymru, ffrwyth pennaf deffroad cenedlaethol y werin Gymreig a Chymraeg. Edrychwch ar Brifysgol Jerwsalem heddiw a'r Hebraeg a oedd yn iaith farw hir oesoedd cyn Crist yn gyfrwng ei holl hyfforddiant yn y gwyddorau mwyaf cyfrwys a modern. Ystyriwch brifysgolion y Swistir, a Ghent a Louvain yng ngwlad Belg. Yna edrychwch ar Brifysgol Cymru gyda'i chwe choleg mwyach. Beth a ddywedwn ni am y Cymro Cymraeg yn y pedwar coleg cyflawn? Beth a ddywedwn ni am yr adrannau Cymraeg eu hunain, er holl gais Bwrdd y Gwybodau Celtaidd i greu geirfaoedd i'r technegau? Ni ellir mewn gwaed oer ond dweud a ddywedodd Lingen yn y Llyfrau Gleision:

Equally in his new as in his old home his language keeps him under the hatches . . . His superiors are content simply to ignore his existence. He is left to live in an underworld of his own, and the march of society goes completely over his head.

Dyna'r gwir heddiw am y Gymraeg ym Mhrifysgol Cymru; a Chymru Gymraeg a'i creodd hi, dotio ar ei graddau anrhydeddus hi, a bodloni mai gradd diraddiad y Gymraeg yw diploma ei hanrhydedd hi. Y mae Prifysgol Cymru yn fwy cyfrifol nag unrhyw sefydliad arall fod yn amhosibl heddiw i lenyddiaeth Gymraeg fod yn ddarlun cyflawn o fywyd gwareiddiad. Polisi Prifysgol Cymru yw polisi Deddf Uno 1536 a pholisi Matthew Arnold a'r Llyfrau Gleision; ac y mae Cymru Gymraeg yn bodloni.

Trown at weddau politicaidd y deffroad Cymreig yn y ganrif ddiwethaf ac fe welwn yn union yr un diystyru ar y Gymraeg. Er bod yr iaith yn destun gwawd ac ymosod barnwyr ac esgobion a gweision sifil, ni chododd neb i fynnu ei hawliau iddi yn y Senedd nac ar lwyfan. Bu gwrth-Gymreigrwydd esgobion a phersoniaid yr Eglwys Wladol a'u gelyniaeth i'r Gymraeg yn rhan fawr o'r ddadl o blaid Datgysylltiad, yn rhan hefyd o ddadl y Degwm. Ond testun dychan Emrys ap Iwan oedd Cymru Fydd yn 1891:

Mi a ddylwn ddweud wrthochi fod llawer hyd yn oed o Ddic-Siôn-Dafyddion cyn y flwyddyn 1890 wedi ymuno â chymdeithasau hanner Cymreig o fath *Kumree Fidd* . . .

Yr oeddenw, er mwyn ennill cyhoeddusrwydd, ac er mwyn marchogaeth ar y teimlad Cymreig i bwyllgorau, i gynghorau, ac i'r Senedd, yn ymostwng i ddibennu pob araith trwy ddywedyd mewn Cymraeg go ddyalladwy 'Oes y byd i'r iaith Gymraeg'. Ond dyna'r cwbl.

Efallai mai oherwydd hyn y rhoes Cymdeithasau Cymru Fydd ar eu rhaglen yn 1894 'Penodi swyddogion cyhoeddus a fedrai Gymraeg'. Dwy flynedd wedyn yng nghynhadledd Cymru Fydd cafwyd datganiad gan lywydd Cymdeithas Ryddfrydol Caerdydd, Sais a gŵr busnes o'r enw Bird. Troes Mr T.J. Ellis ei eiriau ef i Gymraeg: 'Y mae drwy Ddeheubarth Cymru filoedd ar filoedd o Saeson . . . poblogaeth gosmopolitan na fydd iddi ymostwng i dra-arglwyddiaeth syniadau Cymreig.' Ar y gair syrthiodd Cymru Fydd i lewyg yn y fan a'r lle; yn fuan wedyn, heb ddadebru a heb stŵr, ymadawodd.

A oes o gwbl draddodiad o amddiffyn politicaidd i'r iaith Gymraeg? Nid gofyn yr wyf a oes traddodiad o frolio'r iaith mewn areithiau politicaidd neu gan wleidyddion ar lwyfan eisteddfod. Yn hytrach gweld yr iaith fel y mae Llywod-raeth Loegr wedi ei gweld hi erioed, yn fater politicaidd, ac o'i gweld hi felly ei chodi hi'n faner i frwydr?

Daliai'r diweddar John Arthur Price fod peth o'r ysbryd hwnnw yn yr achos cyfreithiol a ddug wardeiniaid Trefdraeth ym Môn yn 1773 yn erbyn penodi Sais uniaith yn berson y plwy. Ond yn llythyrau a cherddi a thraethodau Evan Evans, Ieuan Brydydd Hir, y ceir propaganda pendant yn erbyn y polisi o droi'r eglwysi plwy yn foddion i ddifodi'r Gymraeg. Ofnodd ei gyfeillion amdano ac ebr yntau:

> Diau mai rhy flaenllym yw'r traethawd yn erbyn yr *Esgyb Eingl;* a bychan fyddai ganddynt fy nhorri yn ddeuddarn . . . Mi a fynnwn yn ddiau fod rhywbeth o'r fath yna wedi ei argraffu . . . Y mae un Richardson wedi cyhoeddi llyfr o blaid y Gwyddelod, ag sydd yn cael yr un cam â ninnau . . . Y mae gennyf i ryw bapuryn . . . wedi ei ysgrifennu yn Lladin . . . Llythyr y Parchedig Dad Ioan Elphin, Cennad Apostolaidd Cymdeithas yr Iesu at y Cymry Pabaidd . . . ym mha un y mae yn mynegi yn helaeth yng nghylch Helynt Crefydd yn y wlad honno . . . Y mae hwn yn finiog gethin.

Yn y ganrif wedyn cafwyd arweiniad Michael Jones a'r arbraw arwrol ar Wladfa Gymreig ym Mhatagonia:

> Bydd yno gapel ac ysgol a senedd-dŷ a'r heniaith yn gyfrwng addoli a masnachu, dysgu a llywodraethu. Tyf yno genedl gref mewn cartref Cymreig.

Geiriau chwyldroadol, rhaglen chwyldroadol. Hyd at heddiw mae'n diffyg ni o ymwybyddiaeth cenedl, ein hamddifadrwydd ni o falchder cenedl, yn rhwystro inni amgyffred arwyddocâd ac arwriaeth yr antur ym Mhatagonia. Yn llinach Michael Jones y mae gosod Emrys ap Iwan. Megis yr ymosododd Evan Evans ar yr Esgyb Eingl yr ymosododd Emrys ar achosion Seisnig ei enwad a mynd rhagddo i ddadlau mai'r iaith Gymraeg oedd prif fater politicaidd Cymru a chraidd ei bod, mai eilbeth oedd pob problem boliticaidd wrth hon. Felly y cafwyd ganddo'r pamffled politicaidd enwog *Breuddwyd Pabydd wrth ei Ewyllys,* a thybed nad iawn awgrymu mai'r Tad Ioan Elphin o Gymdeithas yr Iesu yn nychan Ieuan Brydydd Hir a roes i Emrys ap Iwan yntau y syniad am y

Tad Morgan o Gymdeithas yr Iesu sy'n rhoi hanes atgyfodiad Cymru Gymraeg yn *Breuddwyd Pabydd.*

Nid yw Coupland yn sôn am Ieuan Brydydd Hir ond fel un o feirdd cwmni'r Morrisiaid. 'A somewhat eccentric Independent minister' yw Michael Jones ganddo, ac nid oes air am Emrys ap Iwan. Dyna ddangos yn deg mor ddieffaith, mor ddirym, mor ddibwys ym mywyd politicaidd Cymru ac yn natblygiad ei meddwl hi ar faterion cymdeithasol fu traddodiad amddiffyn yr iaith Gymraeg. Pobl od, 'somewhat eccentric', yn dilyn llwybr cul, culni cenedlaetholdeb a chulni iaith, yn lle'r ffordd lydan sy'n arwain i Westminster. Traddodiad o ddioddef dirmyg ac erlid yw traddodiad amddiffyn politicaidd i'r iaith Gymraeg. Yng Nghymru gellir maddau popeth ond bod o ddifri ynglŷn â'r iaith. Dyna brofiad Ieuan Brydydd Hir, Michael Jones, ac Emrys ap Iwan. Yr unig beth sy'n ddolen gyswllt rhyngddyn' hwy a mwyafrif enfawr eu cydgenedl yw'r anthem genedlaethol fwyaf celwyddog yn Ewrop.

Trown felly at y sefyllfa bresennol, argyfwng yr iaith yn ail hanner yr ugeinfed ganrif. Mae hi'n sefyllfa wan. Bu amser, yng nghyfnod deffroad y werin rhwng 1860 a 1890, y buasai'n ymarferol sefydlu'r Gymraeg yn iaith addysg a'r Brifysgol, yn iaith y cynghorau sir newydd, yn iaith diwydiant. Ni ddaeth y cyfryw beth i feddwl y Cymry. Mi gredais i nad oedd y peth yn amhosibl, gydag amser ac o ddilyn polisi cyson am genhedlaeth neu ddwy, rhwng y ddau ryfel byd. Heddiw nid yw hynny'n bosibl. Bu cyfnewidiadau cymdeithasol aruthrol yng Nghymru yn y chwarter canrif diwethaf. Iaith ar encil yw'r Gymraeg yng Nghymru mwyach, iaith lleiafrif a lleiafrif sydd eto'n lleihau.

Ystyriwn eto agwedd Llywodraeth Whitehall tuag at y Gymraeg heddiw ac wedyn agwedd pobl yng Nghymru. Y mae agwedd y Llywodraeth wedi newid rhagor nag unrhyw newid a fu yng Nghymru. Bid siŵr y mae ymyrraeth Llywodraeth â bywyd cymdeithasol yn y Wladwriaeth Les yn cyrraedd ymhellach nag a ddychmygwyd yn y ganrif ddiwethaf. Nid addysg o bob math a gradd sy dan ofal y Llywodraeth bellach ond llawer math o adloniant oriau hamdden, clybiau a gwersylloedd ienctid, addysg oedolion, theatrau, celfyddyd, darlledu a theledu, sy'n cyrraedd bron i bob aelwyd yn y deyrnas. Y mae diwylliant pob bro a rhanbarth yn wrthrych rhyw gymaint o nodded. Mae'r Cyngor Celfyddydau yn cydnabod — er nad yn hael gydnabod — hawliau diwylliant Cymraeg.

Y canlyniad yw fod y Llywodraeth wedi newid ei safbwynt i raddau helaeth. Nid honiad Matthew Arnold yw credo Whitehall heddiw. Nid ystyrir y Gymraeg mwyach yn dramgwydd politicaidd. Ped ysgrifennid llythyr Cymraeg a'i anfon i unrhyw swyddfa awdurdod lleol Cymreig y mae'n fwy na thebyg mai yn Saesneg y deuai'r ateb. Pes anfonid i unrhyw swyddfa yn Whitehall neu yn Cathays Park, y mae'n fwy na phosib mai yn Gymraeg y deuai'r ateb. Gellir cynnig y Gymraeg ar gyfer arholiad y gwasanaeth sifil. Yn yr ysgolion y Weinyddiaeth Addysg bellach sy'n cymell y Cymry i dyfu'n genedl ddwyieithog, gan ennill y gorau o'r ddau fyd, byd y dec uchaf Seisnig a byd, nid dan yr hatsus yn llwyr, ond ar fwrdd yr ail ddosbarth Cymreig. Y mae'r rhan fwyaf o lawer o arweinwyr addysg

Cymru, llenorion Cymraeg yn eu plith, yn gweld hyn yn ddelfryd mawrfrydig a theilwng. Yr wyf innau'n un o'r lleiafrif hurt sy'n gweld ynddo farwolaeth barchus ac esmwyth ac angladd ddialar i'r Gymraeg.

Gellir tynnu un wers o bwys oddi wrth agwedd y Llywodraeth. Pe hawliai Cymru o ddifri gael y Gymraeg yn iaith swyddogol gydradd â'r Saesneg nid o du'r Llywodraeth nac oddi wrth y Gwasanaeth Sifil y deuai'r gwrthwynebiad. Yn naturiol fe fyddai peth rhegi ysgafn gan glercod yn chwilio am eiriadur a chan ferched teipio yn dysgu sbelio, ond y mae'r gwasanaeth sifil wedi hen ddysgu derbyn chwyldroadau yn yr Ymerodraeth Brydeinig yn rhan o'r drefn feunyddiol. O Gymru, oddi wrth yr awdurdodau lleol ac oddi wrth eu swyddogion, y deuai'r gwrthwynebiad, yn gras, yn ddialgar, yn chwyrn.

Eithr rhag i'm gweniaith i'r Llywodraeth beri i neb amau fy mod i'n anelu at Dŷ'r Arglwyddi, a gaf i chwanegu pwynt arall? Nid oes obaith fyth fythoedd i Lywodraeth Whitehall fabwysiadu safbwynt Cymreig. Nid yw'n rhan o dasg y Weinyddiaeth Addysg orfodi'r Gymraeg ar ysgolion Cymru na hyd yn oed orfodi dysgu effeithiol ar y Gymraeg. Cymell, cefnogi, calonogi — purion. Ond digio Cyngor Sir Gaerfyrddin? 'Choelia' i fawr. *De minimis non curat lex.* Nid estyn y Llywodraeth fys i achub lleiafrif sy mor boliticaidd aneffeithiol, mor druenus ddihelp, mor anabl i'w amddiffyn ei hun ag yw'r lleiafrif Cymraeg yng Nghymru.

Ystyriwch fater Cwm Tryweryn a Chapel Celyn. Pa achos a oedd i bobl Cymru wrthwynebu cynllun Corfforaeth Lerpwl i foddi'r dyffryn a'r pentre a throi'r fro yn gronfa ddŵr i ddiwydiannau'r ddinas? Mae'n wir fod yr elw economaidd i Gorfforaeth Lerpwl yn enfawr. Mae'n wir y gallasai cydweithrediad cynghorau sir Gogledd Cymru fod wedi codi trefn well er budd i'w bröydd chwarter canrif yn gynt. Arfer cynghorau sir Cymru yw gwrthod cydweithredu â'i gilydd heb eu gorfodi, a gwrthod hyd y gallant bob cais i newid eu cyfansoddiad a'u trefn. Nid hynny chwaith mo'r rheswm dros wrthod cynllun Lerpwl. Yr oedd y cynllun yn chwalu cymdeithas Gymraeg uniaith yn un o ardaloedd gwledig hanesyddol Meirion. Amddiffyn iaith, amddiffyn cymdeithas ydyw, amddiffyn cartrefi a theuluoedd. Heddiw ni all Cymru fforddio chwalu cartrefi'r iaith Gymraeg. Maen' nhw'n brin ac yn eiddil. Bu cynadleddau o holl awdurdodau lleol Cymru dan lywyddiaeth Arglwydd Faer Caerdydd yn protestio yn erbyn mesur Lerpwl. Aeth y mesur drwy'r Senedd yn rhwydd. Y mae Lerpwl yn ddinas fawr boblog a'i dylanwad politicaidd yn aruthrol. Pa Lywodraeth a allai osod cymdeithas fechan wledig dlawd Gymreig yn y glorian yn erbyn buddiannau economaidd Corfforaeth Lerpwl? Nid plentynnaidd, eithr anonest, oedd beio'r Gweinidog dros Gymru am na rwystrodd ef y mesur. Ein mater ni, ein cyfrifoldeb ni, ni'n unig, oedd Tryweryn. Ond 'Nid Gwyddelod mohonom' meddai cylchgrawn y bobl oedd piau'r amddiffyn. A dybiwch chi na chraffwyd ar hynny yn swyddfeydd y Llywodraeth, a'i osod yno gyda'r slogan Cymraeg clasurol arall, *Bread before beauty*? Be' fu'r canlyniad? Y mae Cymru heddiw wedi ei rhwygo'n ddwy ar y Suliau, Cymru Gymraeg a Chymru Saesneg. Nid yw hynny ond praw fod y Llywodraeth wedi cymryd mesur eiddilwch Cymru Gymraeg ac nad rhaid mwy ymboeni amdani. Ac y mae Gwylfa a Menai ac Eryri yn awr i'w halogi i borthi trydan Lancashire.

Y mae rheswm arall pam nad rhaid i'r Llywodraeth ymboeni ynghylch Cymru Gymraeg. Gall hi adael hynny i'r awdurdodau lleol Cymreig a'r pleidiau politicaidd yng Nghymru. Rhai ymhlith yr aelodau seneddol Cymreig a wasgodd ar y Llywodraeth nad rhaid wrth Gymraeg hyd yn oed mewn swyddi yn ymwneud â diwylliant Cymreig yng Nghymru. Arwyddocaol dros ben yw ymosodiadau amryw awdurdodau lleol Cymreig yn Neau Cymru ar yr Eisteddfod Genedlaethol. Gwrthodant gyfrannu tuag ati neu gyfrannu cil-dwrn tuag ati oblegid mai sefydliad Cymraeg yw hi. Hawliant droi diwrnod o'i phum niwrnod hi yn ddydd Saesneg cyn cyfrannu at ei chynnal hi'n anrhydeddus. Dyna'r math o wyrdroad enaid a meddwl sy'n wynfyd o broblem i'r seiciatrydd, ond y mae'r ysbryd ar gynnydd yn Neau Cymru a gall frysio diwedd yr Eisteddfod. Nid sefydliad swyddogol na chyfreithiol na gweinyddol mohoni. Creadigaeth Cymru Gymraeg yw hi, yr unig sumbol sy'n aros o undod hanesyddol cenedl y Cymry, yr unig muthos Cymreig. Ond y mae amryw o arweinwyr y pleidiau politicaidd ac o arweinwyr awdurdodau lleol yng Nghymru a chanddynt wenwyn i'r Gymraeg. Ac y mae miloedd ar filoedd o weithwyr dur a glo a neilon a'r crefftau newydd o bob math na wyddan' nhw ddim bellach hyd yn oed fod yr iaith.

Llawn mor fygythiol yw agwedd meddwl cynghorau sir ac awdurdodau lleol y parthau Cymraeg. Nid oes ganddynt ond un ateb i broblem nychdod y bröydd gwledig, sef pwyso ar y Llywodraeth am ddwyn iddynt hwythau ffatrïoedd a diwydiannau o Loegr, a gwahodd corfforaethau dinasoedd megis Birmingham i sefydlu maestrefi ym Môn neu Feirion neu Sir Drefaldwyn. Mae'r Gweinidog Materion Cymreig yn gwneud a fedro gyda chymorth adrannau o'r gwasaneth sifil i hybu'r polisi hwn; nid yn ofer chwaith. Ond dywedodd Arglwydd Brecon ei hun ei bod hi'n drueni na wnâi'r ardaloedd Cymraeg fwy i gychwyn diwydiannau eu hunain yn hytrach na galw byth a beunydd am gymorth o'r tu allan. Ni ddywedaf i ond hyn am y polisi yn awr: hoelen arall yw hi yn arch yr iaith Gymraeg. Nid rhaid ychwanegu fod holl dduedd economaidd Prydain Fawr gyda'r canoli fwyfwy ar ddiwydiannau yn gwthio'r Gymraeg fel clwt i gornel, yn barod i'w daflu ar y domen.

A ydy'r sefyllfa'n anobeithiol? Ydy', wrth gwrs, os bodlonwn ni i anobeithio. 'Does dim yn y byd yn fwy cysurus nag anobeithio. Wedyn gall dyn fynd ymlaen i fwynhau byw.

Y mae traddodiad politicaidd y canrifoedd, y mae holl dueddiadau economaidd y dwthwn hwn, yn erbyn parhad y Gymraeg. Ni all dim newid hynny ond penderfyniad, ewyllys, brwydro, aberth, ymdrech. A gaf i alw eich sylw chi at hanes Mr a Mrs Trefor Beasley. Glöwr yw Mr Beasley. Yn Ebrill 1952 prynodd ef a'i wraig fwthyn yn Llangennech gerllaw Llanelli, mewn ardal y mae naw o bob deg o'i phoblogaeth yn Gymry Cymraeg. Yn y cyngor gwledig y perthyn Llangennech iddo y mae'r cynghorwyr i gyd yn Gymry Cymraeg: felly hefyd swyddogion y cyngor. Gan hynny, pan ddaeth papur hawlio'r dreth leol atynt oddi wrth *The Rural District Council of Llanelly,* anfonodd Mrs Beasley i ofyn am

96

ei gael yn Gymraeg. Gwrthodwyd. Gwrthododd hithau dalu'r dreth nes ei gael. Gwysiwyd hi a Mr Beasley dros ddwsin o weithiau gerbron llys yr ustusiaid. Mynnodd Mr a Mrs. Beasley fod dwyn y llys ymlaen yn Gymraeg. Tair gwaith bu'r beilïod yn cludo dodrefn o'u tŷ nhw, a'r dodrefn yn werth llawer mwy na'r dreth a hawlid. Aeth hyn ymlaen am wyth mlynedd. Yn 1960 cafodd Mr a Mrs Beasley bapur dwyieithog yn hawlio'r dreth leol oddi wrth Gyngor Dosbarth Gwledig Llanelli, a Chymraeg y bil lawn cystal â'i Saesneg. Nid oes gennyf i hawl i ddweud beth a gostiodd hyn oll yn ariannol i Mr a Mrs Beasley. Bu cyfeillion yn lew iawn, gan gynnwys cyfreithwyr a bargyfreithwyr. Aeth eu helynt yn destun sylw gwlad, a'r papurau newydd a'r radio a'r teledu yn boen beunyddiol iddynt. Yr oedd yr achosion yn y llys yn ddiddorol a phwysig. Er enghraifft, ateb swyddog y dreth i Mr Wynne Samuel: 'Nid oes unrhyw rwymedigaeth ar y Cyngor i argraffu'r papurau sy'n hawlio'r dreth mewn unrhyw iaith ond Saesneg.'

Yng nghanol y rhyfel diwethaf, yn Hydref 1941, trwy ymdrech bwysicaf Undeb Cymru Fydd, cyflwynwyd deiseb i'r Senedd, deiseb y torrodd tua phedwar can mil o Gymry eu henwau wrthi, yn erfyn am ddeddf

A wna'r Iaith Gymraeg yn unfraint â'r Iaith Saesneg ym mhob agwedd ar Weinyddiad y Gyfraith a'r Gwasanaethau Cyhoeddus yng Nghymru.

Ond wedi'r llafur mawr a'r hel enwau a chynadleddau aeth yr aelodau seneddol Cymreig i gyfrinachu â Mr Herbert Morrison, yr Ysgrifennydd Cartref ar y pryd. Y canlyniad fu'r *Welsh Courts Act*, 1942, deddf seneddol a ddiystyrodd holl fwriad y ddeiseb ac a adawodd y Saesneg o hyd yn unig iaith swyddogol y llysoedd cyfraith a'r gwasanaethau cyhoeddus oll. At hynny y cyfeiriodd swyddog y dreth yn Llanelli.

Fe ellir achub y Gymraeg. Y mae Cymru Gymraeg eto'n rhan go helaeth o ddaear Cymru ac nid yw'r lleiafrif eto'n gwbl ddibwys. Dengys esiampl Mr a Mrs Beasley sut y dylid mynd ati. Trwy wyth mlynedd ymdrech Mrs Beasley, un Cymro arall yn y dosbarth gwledig a ofynnodd am bapur y dreth yn Gymraeg. Peth na ellir ei wneud yn rhesymol ond yn unig yn y rhannau hynny y mae'r Cymry Cymraeg yn nifer sylweddol o'r boblogaeth yw hyn. Eler ati o ddifri a heb anwadalu i'w gwneud hi'n amhosibl dwyn ymlaen fusnes llywodraeth leol na busnes llywodraeth ganol heb y Gymraeg. Hawlier fod papur y dreth yn Gymraeg neu yn Gymraeg a Saesneg. Rhoi rhybudd i'r Postfeistr Cyffredinol na thelir trwyddedau blynyddol oddieithr eu cael yn Gymraeg. Nid polisi i unigolion, un yma, un acw ar siawns mo hyn. Byddai gofyn ei drefnu a symud o gam i gam gan roi rhybudd a rhoi amser i gyfnewidiadau. Polisi i fudiad yw ef a'r mudiad hwnnw yn yr ardaloedd y mae'r Gymraeg yn iaith lafar feunyddiol ynddynt. Hawlio fod pob papur etholiad a phob ffurflen swyddogol yn ymwneud ag etholiadau lleol neu seneddol yn Gymraeg. Codi'r Gymraeg yn brif fater gweinyddol y dosbarth a'r sir.

Efallai y dywedwch chi na ellid hynny fyth, na cheid fyth ddigon o Gymry i gytuno ac i drefnu'r peth yn ymgyrch o bwys a grym. 'Hwyrach eich bod yn iawn. Y cwbl a ddaliaf i yw mai dyna'r unig fater politicaidd y mae'n werth i

Gymro ymboeni ag ef heddiw. Mi wn yr anawsterau. Byddai'n stormydd o bob cyfeiriad. Fe daerid fod y cyfryw ymgyrch yn lladd ein siawns i ddenu ffatrïoedd Seisnig i'r ardalodd gwledig Cymraeg; a diau mai felly y byddai. Hawdd addo y byddai gwawd a dirmyg y sothach newyddiadurwyr Saesneg yn llaes feunyddiol. Byddai dig swyddogion yr awdurdodau lleol a llawer cyngor sir yn ail i'r bytheirio a fu yn Nosbarth Gwledig Llanelli. Byddai'r dirwyon yn y llysoedd yn drwm, ac o wrthod eu talu byddai'r canlyniadau'n gostus, er nad yn fwy costus nag ymladd etholiadau seneddol diamcan. Nid wyf yn gwadu na byddai cyfnod o gas ac erlid a chynnen yn hytrach na'r cariad heddychol sydd mor amlwg ym mywyd politicaidd Cymru heddiw. Nid dim llai na chwyldroad yw adfer yr iaith Gymraeg yng Nghymru. Trwy ddulliau chwyldro yn unig y mae llwyddo. Efallai y dygai'r iaith hunanlywodraeth yn ei sgil; 'wn i ddim. Mae'r iaith yn bwysicach na hunanlywodraeth. Yn fy marn i, pe ceid unrhyw fath o hunanlywodraeth i Gymru cyn arddel ac arfer yr iaith Gymraeg yn iaith swyddogol yn holl weinyddiad yr awdurdodau lleol a gwladol yn y rhanbarthau Cymraeg o'n gwlad, ni cheid mohoni'n iaith swyddogol o gwbl, a byddai tranc yr iaith yn gynt nag y bydd ei thranc hi dan Lywodraeth Loegr.

Darlith a ddarlledwyd 13 Chwefror 1962

TYNGED DARLITH

Y MAE blwyddyn er pan ddraddodais i ddarlith radio ar Dynged yr Iaith. Yn fuan wedyn cyhoeddwyd ystadegau'r Cyfrifiad Cymreig a ddangosai fod y Cymry uniaith ar fin diflannu, fod y Cymry dwyieithog yn llai yn ôl pob cant o'r boblogaeth nag erioed o'r blaen a'r Cymry uniaith Saesneg eto'n cynyddu. Nid oedd hynny ond a ddisgwyliai pawb. Ymgysurai llawer yn y profion fod dirywiad y Gymraeg yn ystod y deng mlynedd diwethaf wedi arafu beth. Arafu — nid peidio na threio. Cymerais innau fymryn o gysur o glywed fod nifer go od o foblogaeth Caerdydd a Phenarth a rhannau eraill o Forgannwg Saesneg wedi ymhonni ar bapurau'r Cyfrifiad eu bod yn Gymry uniaith.

Bu llawer o gellwair ar gorn hynny mewn ymddiddanion ar y sgrin deledu ac yng ngholofnau urddasol y *Western Mail*. Awgrymwyd mai cenedlaetholwyr ffanatig oedd yn dweud anwireddau, a datganodd swyddog o Blaid Cymru gydag acenion ysgolsulaidd fod y Blaid yn gofidio fod neb yn dweud anwiredd ar bapurau'r Cyfrifiad. Yr oeddwn innau yn un o'r lleiafrif ym Mhenarth a haerodd ar bapur y Cyfrifiad mai Cymro uniaith Gymraeg ydwyf, ac mi ddywedaf yn awr fy rheswm.

Offeryn y Llywodraeth yw'r cyfrif. Gan hynny offeryn politicaidd. Rheswm politicaidd sydd iddo, amcan politicaidd sydd i bob cwestiwn ar y papur. Ni ofynnir i bobl Lloegr pa sawl iaith a fedrant; nid rhaid gofyn — Saeson ydynt. Gofynnir yng Nghymru oblegid mai nôd a phwrpas Llywodraeth Loegr yng Nghymru fu ac yw gwneud Saeson: hynny yw, gwneud Cymry dwyieithog. Rhesymau politicaidd yn unig sy dros ofyn y cwestiwn yng Nghymru. Nid gofal dros y Gymraeg. Hyrwyddo polisi Llywodraeth Seisnig. Y mae darpariaethau cyfreithiol y Llywodraeth, penodiadau ustusiaid, penodiadau'r gwasanaeth sifil, penodiadau Cyngor y Gorfforaeth Ddarlledu Brydeinig a'r Awdurdod Teledu Annibynnol, penodiadau addysgol o bob math, polisi grantiau tuag at addysg plant ac oedolion, tuag at Bwyllgor Cymreig Cyngor y Celfyddydau, tuag at amgueddfeydd a llyfrgelloedd, a llu ychwaneg — y mae'r cwbl oll yn pwyso'n drwm ar ystadegau'r Cyfrifiad. Felly hefyd bolisi darlledu a theledu, trefniadau ariannol a threfniadau amserlen y cwmnïau, cyfartaledd athrawon mewn ysgolion, polisi awdurdodau lleol y siroedd Cymreig a pholisi llawer adran o'r gwasanaeth gwladol. O'r gorau — ar gyfer pob dim politicaidd a gweinyddol, boed achos athrod neu wasanaeth rheithgor mewn llys barn, neu etholiad seneddol neu etholiad lleol, ar gyfer unrhyw swydd neu ddyletswydd boliticaidd, Cymro uniaith Gymraeg y mynnaf i fy nghyfri a phrotestiaf yn erbyn pob cais i'm trin gan lywodraeth Loegr yn Sais politicaidd; canys hynny i'r Llywodraeth ydyw Cymro dwyieithog. Y mae'r neb a ddywed wrth Lywodraeth Loegr ei fod yn Gymro dwyieithog yn ategu polisi'r Ddeddf Uno, yn brolio llwyddiant y ddeddf honno ac yn hybu polisi'r llywodraeth. Hyd yn oed pe na bai gennyf air o Gymraeg, a minnau'n credu fod Cymru'n genedl, mi gyhoeddwn ar bapur cyfrifiad llywodraeth Loegr fy mod ym mhob ystyr boliticaidd yn Gymro uniaith Gymraeg — ac i gythraul â'ch polisi chi.

Eithriad bod neb yn medru darllen yng Nghymru. Tystiodd degau, ar bapur ac ar lwyfan — un, os cywir y papurau, ar lwyfan yr Eisteddfod Genedlaethol — imi broffwydo yn fy narlith radio y byddai'r Gymaeg wedi marw cyn pen deugain mlynedd. Yn awr holl bwrpas fy narlith i oedd cyfrannu at rwystro i hynny ddigwydd. Efallai gan hynny y goddefir imi ddyfynnu fy union eiriau i fy hunan:

> Mi ragdybiaf y bydd terfyn ar y Gymraeg yn iaith fyw, OND PARHAU'R TUEDDIAD PRESENNOL, tua dechrau'r unfed ganrif ar hugain, a rhoi bod dynion ar gael yn Ynys Prydain y pryd hynny.

Cais eiddil i newid y tueddiad presennol, cais i wysio fy nghyd-genedl i wynebu'r perygl a'i symud, dyna oedd fy narlith radio i; nid marwnad i'r iaith, ond galwad i gad, i frwydrau politicaidd o'i phlaid. Pan ofynnwyd imi gyntaf draddodi'r ddarlith, un o gyfres o ddarlithiau blynyddol, mi wrthodais. Dywedais wrth bennaeth y Dalaith Gymreig o'r Gorfforaeth nad oedd gennyf ddim i'w ddweud oddieithr ar bwnc hollol boliticaidd, sef cyflwr a thynged yr iaith Gymraeg. Dywedais hefyd mai neges boliticaidd, neges arbennig i Blaid Cymru, fyddai fy narlith i; ac oblegid hynny, a chan y byddai hynny'n groes i draddodiad y gyfres ac i bolisi'r Gorfforaeth, rhaid oedd imi wrthod y gwahoddiad. Dug Mr Oldfield Davies fy ateb i at Gyngor Cymreig y Gorfforaeth dan lywyddiaeth Mrs Rachel Jones; ailwahoddwyd fi i draethu a fynnwn yn llawn. Mae'n deg â'r Cyngor imi ddweud hyn.

'Y mae'r iaith yn bwysicach na hunanlywodraeth,' dyna fyrdwn fy narlith i i Blaid Cymru; gwnewch yr iaith yn brif fater politicaidd y dydd heddiw. Mae'r iaith yn bwysicach na hunanlywodraeth am lawer rheswm. Ni fedraf mewn erthygl fer drafod ond un: oblegid yr iaith yr ydym yn genedl; ac oblegid ein bod ni felly'n genedl y mae hunanlywodraeth yn ddyletswydd arnom. A thrwy gyfrwng yr iaith, trwy ei chodi'n arf boliticaidd yn unig y profir ein hawl a'n hangen am hunanlywodraeth. Nid yw hyd yn oed y Cymry di-Gymraeg yn Gymry ond yn unig oherwydd yr iaith Gymraeg. Y mae hi'n rhan o bersonoliaeth Mr Goronwy Rees a Mr Gwyn Thomas sy'n poeri eu llysnafedd arni.

Beth felly fu helynt boliticaidd yr iaith yn ystod y flwyddyn? Diwedd mis Mai yn yr Uchel Lys yn Llundain, ar ran Mr Gwynfor S. Evans o'r Betws, Rhydaman, dadleuodd Mr Watkin Powell hawl Mr Evans i gyflwyno'i bapurau enwebu mewn etholiad Cyngor Sir yn yr iaith Gymaeg ac apeliodd yn erbyn dyfarniad y swyddog etholiadol fod ei gyd-ymgeisydd sosialaidd, Mr T.E. Evans, oherwydd amryfusedd papurau Mr Gwynfor S. Evans, wedi ei ethol yn ddiwrthwynebiad. Nid oedd cyflwyno papurau enwebu yn Gymraeg yn gyfreithlon; ni ellid cydnabod yr iaith Gymraeg yn swyddogol; gan hynny rhaid cyhoeddi etholiad disialens yr ymgeisydd arall, felly y dadleuasai ac felly gweith-redodd y swyddog, ac aeth y sosialydd Saesneg i'r Cyngor Sir. Yn yr Uchel Lys yn Llundain, oblegid fod y rhan fwyaf o boblogaeth y rhan honno o Rydaman yn deall ac yn siarad Cymraeg, a'r swyddogion etholiadol oll yn ei deall a'i siarad hefyd, dyfarnodd y ddau farnwr fod papurau Mr Gwynfor S. Evans mewn trefn iawn, yn cyflawni holl ofynion y gyfraith, a bod yn rhaid dileu'r etholiad a chynnal etholiad o newydd. Rhoddwyd i Mr Gwynfor S. Evans ei holl gostau.

Dyna'r dyfarniad pwysicaf yn yr Uchel Lys yn Llundain i Gymru ers dwy ganrif os nad rhagor. Aeth Mr Gwynfor S. Evans yn ôl i Rydaman i ymgeisio eto yn enw Plaid Cymru. Disgwyliais i y byddai Plaid Cymru yn cipio'r cyfle i droi'r etholiad cyngor sir hwn yn argyfwng cenedlaethol, y byddai dathlu'r dyfarniad yn yr Uchel Lys gyda chyfarfod a rali fawr yn Rhydaman, gyda gorymdaith a chymanfa boliticaidd, gydag apêl genedlaethol i etholwyr Rhydaman i amgyffred a sylweddoli ystyr a phwysigrwydd y dyfarniad cyfreithiol a'r etholiad achlysurol newydd. Ni bu dim oll. Esgorodd y mynydd ar lygoden. Cafwyd etholiad 'twll a chornel.' Ailetholwyd y sosialydd a throwyd dyfarniad yr Uchel Lys o blaid cyfreithlondeb yr iaith Gymraeg yn ddirmyg yn Rhydaman Gymraeg. Dyna drychineb pennaf y flwyddyn o safbwynt Cymru boliticaidd, nid llawer llai trychineb na methiant Tryweryn. Fe ddifawyd ac fe ddifethwyd cyfle politicaidd mawr.

Y mae ychydig arwyddion y dyddiau diwethaf hyn fod pobl ifainc Plaid Cymru yn dechrau amgyffred pwysigrwydd politicaidd yr iaith Gymraeg. Y mae hi'n hwyr bryd. Nid yn *Westminster* ac nid drwy'r senedd yno y daw fyth hunanlywodraeth i Gymru. Y mae perygl enbyd i Blaid Cymru werthu'r iaith Gymraeg er mwyn ymladd etholiadau seneddol. Os amheuwch hynny, ystyriwch ysgrif Dr Kate Roberts yn rhifyn Ionawr o'r *Ddraig Goch*. Y Gymraeg yw'r unig arf a eill ddisodli llywodraeth y Sais yng Nghymru.

Barn, Mawrth 1963

ANFONODD y golygydd ataf adroddiad cyflawn Hansard o drafodaeth yr Uwchbwyllgor Cymreig ar yr iaith Gymraeg a gofyn a ddymunwn i ateb y mynych ymosodiadau a wnaed arnaf yn ystod y siarad.

Mi dybiaf mai'r unig ateb a all fod o werth yw chwilio am safbwynt yr aelodau seneddol o'r Blaid Lafur a'r Blaid Ryddfrydol a fu'n chwyrn eu llach arnaf, a cheisio dangos y gwahaniaeth rhwng eu safbwynt hwy a'm safbwynt innau.

Cyn imi gychwyn ar hynny a gaf i alw sylw at araith werthfawr Mr Gwynfor Evans yn y ddadl. Gobeithio y cyhoeddir hi'n gyflawn yn un neu ragor o'r papurau Cymreig.

Yr hyn a gafwyd gan Mr George Thomas i agor y drafodaeth oedd cronigl clodfawr o ymdrechion y llywodraeth Lafur a'i swyddfa ef ei hunan i achlesu'r iaith Gymraeg. 'Fe wnaed ychwaneg i hybu'r iaith Gymraeg yn y blynyddoedd diweddar hyn nag erioed o'r blaen.' Ystyr 'erioed o'r blaen', mi debygaf, yw er pan fu farw nain Mr Thomas. Ni fedrai hi Saesneg, meddai ef, neu ni fynnai ei fedru, ac yn ystod ei byw hi bu raid iddo yntau siarad Cymraeg wrthi. Bu hi farw a'i Gymraeg yntau. Darn trist o hanes Cymru ar gadw am byth yn Hansard. I Mrs Eirene White, sy'n isweinidog iddo, y mae hanes yn estyn yn ôl fymryn pellach: 'Gwnaed mwy gan y Llywodraeth yn y pum mlynedd diwethaf i helpu'r Gymraeg nag a wnaed yn y pedair canrif o'i blaen hi.'

Y mae hynny'n wir. Yn ystod y pum mlynedd diwethaf bu Cymdeithas yr Iaith Gymraeg yn gorymdeithio a phrotestio ac eistedd a thindroi mewn swyddfeydd annisgwyl a chadw twrw fwyfwy i alw sylw at anghyfiawnderau diderfyn swyddfeydd y llywodraeth tuag at yr iaith. Bu rhai o arweinwyr Plaid Cymru, a Mr Robyn Lewis yn arbennig, yn dadlau'n effeithiol dros hawliau'r lleiafrif Cymraeg. O ganlyniad fe welodd aelodau seneddol o'r rhannau Cymraeg o Gymru a rhai aelodau o'r llywodraeth fod dal neu gogio sêl dros yr iaith yn fwy o elw na pheidio. Dylid llongyfarch y llywodraeth. Broliodd Mr Thomas fod disgiau trwydded moduron i'w cael o'r cyntaf o Ebrill yn ddwyieithog. Pwy ond Mr George Thomas a'r Gweinidog Trafnidiaeth a freuddwydiai fyth am y fath gil-dwrn i'r Gymraeg? Ni ddaethai'r peth erioed i feddwl neb yng Nghymru ond Mr George Thomas. Y mae gwaed calon Mr Thomas yn curo'n gynnes wrth osod blodau ar fedd iaith ei nain. Ac yn berorasiwn i'w araith fe ddyfynnodd ddarn anghyfarwydd a dwys ysgubol o hen farddoniaeth y Cymry, 'Gwlad, gwlad, pleidiol wyf i'm gwlad'.

Y peth sy'n taro'n rhyfedd yn yr holl areithiau oddieithr anerchiad Mr Gwynfor Evans yw diflaniad pob syniad am hanes. Cyfeiriodd Mr Evans at ymweliad Michael Jones â Phatagonia yn 1882, ac ar unwaith bu ebychiad o *O!* gan yr uwchbwyllgor. A fedrwch chi feddwl am seneddwyr o Saeson neu o Ffrancwyr neu Israeliaid yn trafod problemau eu hiaith heb fynych gyfeiriadau at y gorffennol? Ond yma dynion na wyddent odid ddim am eu gorffennol eu hunain nac am hanes eu gwlad na'i hiaith hi oedd yn baldorddi. Meddai Mr Gibson-Watt yn dalog wybodus am y Gymraeg, 'Hen iaith yr ynysoedd hyn oll yw hi, ac fe'i siaredir hi o hyd mewn rhyw ffurf yn Llydaw.' Ond na, ni chwarddodd neb.

Rhybuddiodd Mr Hooson gyda'r angerdd a'r sicrwydd sy'n briodol iddo, 'Fe wyddom bawb am wledydd yn y byd y mae eu rhaniadau politicaidd yn seiliedig ar wahaniaethau crefydd neu iaith. Nid oes chwerwder tebyg i'r chwerwedd a geir yn y gwledydd hynny. Duw gadwo Gymru rhag y dynged o weld ei bywyd politicaidd wedi ei rannu gan na chrefydd nac iaith.' Y mae hyn gan aelod seneddol Rhyddfrydol o ran o Gymru y bu Datgysylltiad yr Eglwys yn brif bwnc ei gwleidyddiaeth am hanner canrif yn ddychryn o ddigri. Trueni na ddarllenai'r aelodau seneddol Cymreig — y mae rhai arwyddion y medrant ddarllen Saesneg — lyfr Syr Reginald Coupland, *Welsh and Scottish Nationalism, a Study*. Yno, ar dudalen 216, dywedir:

> The distinctive, the dominant feature of Welsh politics was not the class-conflict, agrarian or industrial; it was their association with religion. They were more than associated: they were well-nigh identified. By the end of the nineteenth century politics in Wales had become religious and religion had become political almost to the same extent as in sixteenth century Scotland.

Ysywaeth y mae hanes Cymru i'n haelodau seneddol ni'n cychwyn gyda marw nain Mr George Thomas. Yn nwylo barbariaid y rhoesom ni ofal am ein gwlad. Nid rhaid ond darllen anerchiad Mr Alec Jones o'r Rhondda: 'Nid bai'r Saeson aflan nac unrhyw orthrwm ganddynt hwy yw methiant y Gymraeg heddiw. Dewis rhydd y gymdeithas y tyfasom ni i fyny ynddi ydyw.' Efallai na chredwch chi ddim, ond wele'r geiriau yn Hansard, tudalen 29. Dyna safon gwybodaeth, deall, diwylliant, yr Uwchbwyllgor Cymreig o Dŷ'r Cyffredin. Mae'n peri i ddyn gofio am yr hyn a ddywedodd Wellington cyn Waterlŵ wedi iddo fwrw golwg ar filwyr ei fyddin ei hun.

Ystyriwn athroniaeth yr uwchbwyllgor. Meddai Mr George Thomas sy'n aelod o'r Cabinet: 'Nid Llywodraeth piau cadw iaith yn fyw. Tasg i'r bobl sy'n siarad yr iaith yw hynny. Peth personol iawn yw iaith dyn. Ei ddewis ef ei hun ydyw. Y mae iaith dyn fel ei grefydd. Ei benderfyniad ef ei hun ydyw a rhan o'i ddull o edrych ar fywyd.' Rhag i chwi amau fy mod i'n gwynfydu wrth gyfieithu, fe gewch y Saesneg yn adroddiad Hansard, t. 12-13.

Derbyniwyd yr athrawiaeth hon gyda brwdfrydedd. Ni allai Mr Hooson lai nag amenu'n ddwys: 'Ni ddywedodd y gwir anrhydeddus wrda erioed air mwy gwir na phan ddywedodd mai pethau personol iawn yw iaith a chrefydd. Y maent yn dibynnu ar ddewis personol.'

A gaf i ofyn i'r darllenydd aros funud a phwyso hyn a'i ystyried. Os cyffes sydd yma, pa fath ddyn yw hwn sy'n cyhoeddi mai ei ddewis personol ef fu bwrw heibio iaith ei nain er ei marw hi? Ond fe'i cyhoeddwyd hefyd yn wir cyffredinol am ddynion ym mhobman. Gofynnwch i Sais, i Eidalwr, i Eifftiwr, i Indiad, ai ei ddewis personol ef ei hunan, neu hyd yn oed ai dewis personol ei fam, yw ei iaith ef. Nid rhaid ond gofyn y cwestiwn, ac y mae datganiad Mr Thomas a Mr Hooson a'u cefnogwyr i'w weld yn ffwlbri. A fedrwch chi ddychmygu am arweinwyr seneddol unrhyw wlad arall yn codi yn ei senedd-dŷ i gyhoeddi'r fath nonsens diraddiol?

Pam felly y mae'r aelodau seneddol hyn, — dynion o'ch dewis personol chwi, etholwyr Cymru, neu felly y tybiwch — yn datgan y fath syniad? Mae'r ateb yn syml, yn warthus ac yn wir: am mai Cymry ydynt, Cymry yn senedd y Sais, Cymry sy wedi claddu eu neiniau, sy wedi bodloni i'w lle a'u statws yn rhan o Loegr, sy wedi dewis bodloni i'w rhan, ac felly'n mynnu cyfyngu hanes ac iaith eu tadau i bregethu ddwywaith ar y Sul ac i fywyd preifat cymdeithas o leiafrif. Nid rhaid synnu at eu dewis personol. A gofiwch chi'r bumed o chwedlau La Fontaine am y ci a'r blaidd?

Yr oedd y blaidd druan ar ei gythlwng mawr a'r ci yn borthiannus braf. Gan hynny, yn hytrach na chynnig ymladd aeth y tenau at y tew a'i longyfarch ar ei wedd. Hawdd i tithau fod fel fi, atebodd y gwaetgi, 'dyw hi ddim ond mater o ddewis personol, gadael y fforest wyllt a'i newyn a'm canlyn i. Beth fydd yn rhaid imi wneud? Fawr ddim ond hel ymaith ambell drempyn neu leidr nos a llyfu llaw'r meistr, ac yna fe gei esgyrn ieir i'w cnoi a phob dantaith bwrdd. Edrychodd y blaidd ar y ci braf gydag edmygedd ac eiddigedd, ond yn sydyn sydyn sylwodd ar farc ar y croen oedd am ei wddf. Beth yw hwnna? O, dim ond marc fy ngholer i. Coler? Ie, ie, â hwnnw y byddan nhw'n fy nghlymu i. Clymu! Clymu! gwaeddodd y blaidd, mae'n well gen i lwgu a bod yn rhydd. Ac ymaith ag ef.

Y rheswm y mae Mr George Thomas a Mr Alec Jones yn dweud celwydd bob un wrth ei enaid ei hun, gan honni mai eu dewis personol hwy yw eu Saesneg, yw eu bod hwy am gadw mymryn o hunan-barch. Os rhaid imi wisgo coler Saesneg fy meistr, wel, mi ymffrostiaf ynddo mai fy newis personol i yw ef, fy newis rhydd i, a pha waeth gen i wedyn fod yr acen ar fy Saesneg i'n taflu celwydd ar draws fy nannedd i, a bod eto'n aros farc y fforest ar fy mharabl? O leiaf y mae'r anwiredd yn arbed fy ngwrid yn Nhŷ'r Cyffredin Seisnig.

Nid dewis personol neb yng Nghwm Rhondda yw'r iaith sy gan y Cymry yno heddiw. Dewis pedair canrif o lywodraeth a gyhoeddodd y Gymraeg yn esgymun, a'i dedfrydodd hi i'w difodi, dewis diwydiannau *laissez-faire* y bedwaredd ganrif ar bymtheg, dewis Deddf Addysg 1870, dewis y Gorfforaeth Ddarlledu Brydeinig a'r Teledu Annibynnol, dewis pob uchel lys barn ar hyd y canrifoedd caethiwed.

Y mae celwydd dyfnach oddi tan eu proffes hwynt. Y celwydd mai pleidlais y mwyafrif sy wedi eu cyflyru drwy ddeuddeg cant o genedlaethau i Brydeindod gwasaidd yw llais gwirionedd a rhyddid a democratiaeth. Nid *vox populi*, ond *vox servorum vox Dei*. Gan hynny fe gyhoeddant mai eithafiaeth, *extremism* yw hunan-barch, ac mai marc y coler Saesneg ar y Cymro yw ei fraint a'i ddinasyddiaeth fawr. Yr wyf i'n diolch o galon iddynt am iddynt gyhoeddi yn senedd Loegr fy mod i'n wrthun ganddynt. Dyna yn wir anrhydedd.

Barn, Ebrill 1970

Y Ghetto Cymraeg

Bwgan y'n rhybuddiwyd ni rhagddo yn bur aml yn ddiweddar yw codi ghetto Cymraeg. Yr hyn a olyga'r rhybuddwyr wrth yr enw yw unrhyw sefydliad Cymraeg a fydd *o'r herwydd* yn dlawd ei adnoddau, ei ddiwylliant yn ddisafon a'i ran yn y byd sydd ohoni yn ddirmygus hen-ffasiwn a chul blwyfol. Peryglon i arswydo rhagddynt yn ddiau, ond pam ghetto?

Enw Eidaleg ydyw. Dywed y geiriaduron mai yn ninas Fenis y bathwyd ef. Yno yn 1517 fe benderfynwyd ar bolisi apartheid llym a llwyr tuag at boblogaeth Iddewig y ddinas, cyd-frodorion Shylock. Neilltuwyd iddynt ranbarth o'r ddinas, y rhan dlotaf ac afiach, a bu raid i bob Iddew symud i drigo — yn nau ystyr y gair — y tu mewn i'r ghetto. Yr oedd yr ardal felly'n dref y tu mewn i dref, a byddai gofyn i unrhyw Iddew a âi ar ei fusnes y tu allan i'r ghetto wisgo bathodyn i ddangos ei genedl, megis yn ddiweddarach dan y Natsïaid.

Gan fod hyn yn drefniad mor amlwg Gristnogol, gorchmynnodd y pab Paul IV yn 1555 fod ei estyn i holl diriogaethau'r Babaeth yn yr Eidal. Lledodd wedyn yn fuan i'r Almaenau a Bohemia a Phwyl ac i Rwsia. Parhaodd yn yr Eidal hyd at y Chwyldro Ffrengig. Parhaodd yn hwy na hynny ym Mohemia ac Awstria, a hyd at yr ugeinfed ganrif ym Mhwyl ac yn Rwsia.

Tyfai'r boblogaeth Iddewig yn y ghettoau ond ni chaniateid chwanegu dim at faint y rhanbarthau. Cafwyd cyn hir iawn orboblogi a throi rhannau helaeth yn slymiau anobeithiol heb ddŵr, heb garthffosydd ac yn fangreodd heiniau ac afiechydon a phlâu a thrueni. Ym Mohemia ac yn Rwsia a Phwyl deuai'r pogrom achlysurol ac effeithiol i leddfu peth ar wasgfa'r boblogaeth. Mi adwaenwn i deulu disglair o Iddewon yn Abertawe tua 1924 y dihangodd y tad o gyflafan pogrom ym Mhwyl a dyfod at gâr iddo yn sir y Fflint ac wedyn i Ddeau Cymru. Bu ef farw cyn dyfod Hitler i amlygrwydd, ond nid profiad hollol eithriadol a newydd oedd dialeddau Hitler i'r Iddewon, ac ni ddarfu'r ghetto yn llwyr yn Rwsia heddiw.

Ond y mae ochr arall i hanes y ghetto. Nid dewis yr Iddewon mohono. Nid hwy a'i creodd. Gorthrwm gelynion ac erlidwyr ydoedd. Dan lywodraethau uwch lawer eu gwareiddiad na'r gwledydd Cristnogol barbaraidd cyfoes â hwy, sef dan lywodraethau Arabaidd a Mohametanaidd Deau Sbaen o'r nawfed ganrif hyd at y ddeuddegfed, hawdd y gallasai'r Iddewon a'r Cristnogion ymdoddi i mewn i'r genedl Sbaenaidd Fohametanaidd. Trychineb i Sbaen oedd y concwest Cristnogol yn y drydedd ganrif ar ddeg. Ond dyfais Gristnogol oedd apartheid y ghetto. Trwy hynny bu raid i'r Iddewon aros yn Iddewon heb odid fyth briodasau cymysg. Y tu mewn i'r ghetto yr oedd ganddynt eu llysoedd barn eu hunain. Yr oedd ganddynt eu synagogau. Cadwasant eu harferion, eu defodau, eu crefydd, eu hanes, eu llyfrau, eu hundod. Gwelodd arweinwyr y ghetto eu brodyr a ymfudodd i'r Amerig yn llwyddo yn y byd. Daeth iddynt hwythau'r argyhoeddiad mai torri allan o'r ghetto a dychwelyd i hen gartref y genedl ym Mhalestina oedd y ffordd ymwared i'r tlodion yn y ghetto. Datblygwyd mudiad i ennill cefnogaeth, mudiad Seion. Bu cyngres gyntaf y mudiad yn 1897. Ugain mlynedd wedyn, yn 1917, er mwyn cael benthyg miliynau lawer o bunnoedd gan fanciau Iddewig Efrog Newydd i barhau'r rhyfel yn erbyn yr Almaen, addawodd yr Arglwydd Balfour ar ran Llywodraeth Loegr neilltuo cartref i'r Iddewon ym Mhalestina. Fe wyddom oll sut y bu hi wedyn. Sefydlwyd Gwladwriaeth Israel yn 1948, gwladwriaeth fwyaf nerthol a militaraidd y Dwyrain Canol heddiw. Ond cynnyrch y ghetto yw Gwladwriaeth Israel, plentyn y ghetto, cyflawnhad ac apotheosis y ghetto; a'r iaith Hebraeg, iaith y synagog, yn iaith swyddogol yr holl wlad a'i llysoedd cyfraith a'i phrifysgolion a'i sefydliadau gwyddonol mwyaf modern.

Trown yn ôl yn awr at y Cymry hynny sy'n ein dychryn ni gyda'u darlun o ghetto Cymraeg. Eu cred hwy yw bod yr iaith Gymraeg, ar ei phen ei hun a heb gyfrannu'n eilradd â'r Saesneg, yn rhwym o ymsuddo i gyflwr o drueni tebyg i dlodi hydol yr Iddewon gynt yn eu slymiau caethiwus yn Rwsia neu Bwyl neu Fohemia.

Hyn sy'n od, na chofia'r bobl hyn nad newydd o gwbl i Gymru mo'r cyhuddiad. Dyna union gyhuddiad R.A. Lingen yn Llyfrau Gleision 1847 yn erbyn yr iaith Gymraeg. Darllener y paragraff a ddyfynnais i yn fy narlith radio, *Tynged yr Iaith* (t. 92 uchod). Ni chodaf yma ond un llinell: 'Equally in his new as in his old home, his language keeps him under the hatches'. Dyna fo, 'o dan yr hatsus' yw gair Lingen; 'museum piece' yw gair Mr Emlyn Hooson; 'anialwch Batagonaidd' yn y ddarlith radio flynyddol ddiweddar; a dychwelodd Mr Meredydd Evans at y term 'ghetto'.

Disgrifiad o'r ghetto Cymraeg yw Llyfrau Gleision 1847. I Lingen a'i gydweithwyr, yr iaith *oedd* y ghetto, yr un iaith hon, y Gymraeg. O'm rhan i, nid anghytunaf. I Lingen, achub y Cymry o'r ghetto oedd eu hangen pennaf. A derbyniodd y genedl Gymreig ei bolisi ef heb fawr o wrthwynebiad, er cymaint y digiodd hi oblegid ei ddisgrifiad ohoni. Erbyn heddiw mae'r genedl Gymreig wedi dyfod allan o ghetto'r Gymraeg, ond yn wahanol i'r Iddewon, wedi dyfod allan i farw.

'Er gwell, er gwaeth', ebr Mr Davies yn ei folawd i'r Gorfforaeth Ddarlledu Brydeinig, 'fe'n tynghedwyd i fyw y tu mewn i ffiniau cenedl lle siaredir dwy iaith.' Tynghedwyd? Pa Dduw a'n tynghedodd? Llywodraeth Loegr a Deddf Uno 1536. Y bwriad oedd dileu'r genedl a difa'i hiaith. Heddiw mae'n ffaith — ond nid yn dynged — ein bod ni'n byw mewn gwlad y siaredir ynddi ddwy iaith, un ar gynnydd cyson a'r llall yn edwino i farw. Ym mhlith y Cymry Cymraeg fe geir llawer math o ymateb i'r sefyllfa hon. Mae'r mwyafrif o hyd yn braf ddihitio. Mae nifer sy'n bodloni i wlad ddwyieithog ac yn barnu y gellir ei chadw felly, ac yn gwneud eu gorau cydwybodol eu hunain i'w chadw felly. Dyna safbwynt darlith radio Mr Davies. Y mae lleiafrif eto sy'n sefyll gyda'r diweddar J.R. Jones; ac y mae'n drueni o'r mwyaf fod Mr Davies yn llychwino ei ddarlith drwy geisio cysylltu yr hyn a eilw ef yn 'genedlaetholdeb fwyaf eithafol' yr annwyl a'r addfwyn J.R. Jones â Natsïaeth. Y mae rhai ensyniadau nad oes neb bonheddig yn eu taflu at y marw, a pha raid i Mr Davies ddadlau fel yna? Onid oes gennym aelodau seneddol Llafur?

Darlith ddwys feddylgar oedd *A Raid i'r Iaith ein Gwahanu* J.R. Jones, yn ateb i anerchiad Mr Davies ar lwyfan eisteddfod Aberafan, heb un gair anghwrtais am neb. Yn ei ddull anodd athronyddol gwasgodd ef ei athrawiaeth i frawddeg: 'Craidd ffurfiant Pobl yw cydymdreiddiad cwlwm gwahanrwydd eu hiaith â chwlwm gwahanrwydd eu tir'. Ystyr hynny yn ein hiaith ni leygwyr yw bod yn rhaid arfer un iaith am genedlaethau gan deuluoedd o bobl yn byw ar yr un darn o ddaear o ffewn ffiniau hysbys cyn y gellir galw'r bobl hynny yn genedl, ac, oni phery'r fath uniad o iaith a thir, fe beidia'r bobl hynny bob yn dipyn â bod yn bobl ar wahân; ni byddant yn genedl. Ni all Cymru wedi iddi droi'n gyfan yn ddwyieithog fod yn wlad na chenedl safadwy. Fe â hi'n sicr, yn fuan neu'n raddol, megis Cernyw, yn rhan o Loegr. A bydd marw y Gymraeg.

I mi y mae rhesymeg a holl hanes Ewrop yn tystio fod y ddadl hon yn wir. Dyna 'genedlaetholdeb fwyaf eithafol' J.R. Jones. Ni thybiaf i fod pob rhan o Gymru yn gwbl ddwyieithog eto, ond y mae hi'n agos iawn at hynny. Yr ydym ni mewn argyfwng enbyd. Fe ellir *gweld* diwedd Cymru heddiw. Troi eu golygon ymaith y mae'r mwyafrif a gwylio'r teledu. Y bobl ifainc yr oedd J.R. Jones yn eu hamddiffyn yn 1967 yw'r unig rai sy'n actio, sy'n gweithredu, fel rhai sy wedi gweld, sy wedi deall.

A gaf i fentro cario cenedlaetholdeb fwyaf eithafol J.R. gam ymhellach. Ymddengys i mi y bydd yn rhaid ailgodi ghetto Cymraeg yn fuan os am achub y genedl. Dywedwyd yn y ddarlith radio:

> Byddai'n well gen i weld yr iaith, ar waethaf pob perygl, yn wynebu'r byd yn eofn, yn hytrach na chael ei gwthio i ryw anialwch Batagonaidd o rwydwaith.

Tudalen a hanner yn gynt fe ddaliodd Mr Davies yn erbyn J.R. 'nad ieithoedd sy'n cyfathrebu, ond personau'. Rhyfeddach fyth felly fod iaith yn wynebu'r byd. Ond yr unig fodd y gall Cymry Cymraeg wynebu'r byd yw byw yn Gymraeg. Rhaid sefydlu neu adfer cymdeithas ar ddarn o dir neu ar ddarnau o dir Cymru na bydd unrhyw iaith ond y Gymraeg yn *anhepgor* ynddi, mewn ysgol, mewn coleg, mewn llys barn, mewn swyddfa drethi, mewn ysbyty, mewn carchar, mewn gwallgofdy neu swyddfa deledu. Dyna ailsefydlu'r ghetto Cymraeg. Amhosib, meddwch chwi? Darllenwch dudalennau 22-24 o ddarlith J.R. Jones y cyfeiriais ati eisoes. Nid yw celfyddyd y posibl yn 'gwneud sens' yn y sefyllfa bresennol yng Nghymru. Yr amhosibl yw'r unig beth ymarferol. Cenhadaeth mudiadau fel Adfer a Chymdeithas yr Iaith yw deffro Cymru i fentro'r amhosib: creu'r ghetto Cymraeg a'i godi'n gaer. Yna o'r ghetto Cymraeg fe gyfyd Gwladwriaeth Cymru.

Barn, Nadolig 1972

BRWYDR YR IAITH

TELEDU a'r gyfundrefn addysg a fu ac a erys yn ddiffeithwyr uniongyrchol pennaf yr iaith Gymraeg. Ar y Cymry eu hunain, ac arnynt hwy yn unig ers hanner canrif, y mae'r holl fai fod y gyfundrefn addysg yn un o'r ddau. Llywodraeth y deyrnas a gwasanaeth sifil *Whitehall* sy fwyaf cyfrifol am y drwg arall. Mae'r drwg eto ymhell o'i atal. Mae'r teledu, fwy na'r refferendwm, yn clymu Lloegr a Chymru yn un genedl uniaith sy'n byw ar ffarm yr *Archers* ac ar ddiwylliant *Coronation Street*.

Fe fyddai cyfundrefn addysg Gymraeg effeithiol yn troi darnau helaeth o Gymru wledig yn wlad o bobl a hawliai freintiau cenedl rydd. Gwybod hynny sy'n peri fod arweinwyr y Blaid Lafur yn Neau Cymru, gydag ychydig eithriadau, yn mynnu cadw'r gyfundrefn addysg Saesneg. Nid am fod athrawon yn dysgu cenedlaetholdeb o gwbl. Y cartref, nid yr ysgol, yw magwrfa naturiol cenedlaetholdeb. Ond am fod dysgu hanes ei bobl ei hun, a darganfod y byd trwy gyfrwng eu hiaith hwynt, yn tynnu dyn yn anorfod at ei wreiddiau ac at hunan-barch anturus.

Pan aeth Mr Graham Turner i Gwm Rhondda yn fuan wedi streic lwydd-iannus y glowyr fe gafodd ef mai aros am y chwyldro proletaraidd yr oedd y rheini y bu ef yn eu cartrefi; ond, wrth gwrs, o Loegr y disgwylid yr arweiniad.

Y mae'r hen, hen ryfel rhwng Lloegr a Chymru wedi ei aruchelu'n rhyfel dosbarth i Ddeheudir Cymru. Mae'r dosbarth wedi disodli'r genedl oblegid bod rhyfel dosbarth yn claddu'r gorffennol ac yn addo gwynfyd draw.

Ond y dyn, y Cymro, sydd ar ei golled. Yn Nhŷ'r Cyffredin dro'n ôl ymffrostiodd Cymro a oedd yn aelod o gabinet Mr Wilson ei fod ef wedi claddu ei famiaith a'i fam-gu yr un diwrnod yn yr un bedd.

Mi ddaliaf i, petai aelod seneddol o Sais wedi ymffrostio'n gyffelyb, na chyrhaeddai ef mo ddrws y siamber a'i drowsus amdano. Ond ni chododd neb Cymro na chyfogi na cherdded allan. Yn wir, yn wir, meddaf i chwi, nid oes ond adfer yr iaith Gymraeg i barch a all roi'n ôl urddas person a hunan-barch cyfrifol i bob Cymro a Chymraes. Dyna'r peth hynaf a'r peth mwyaf artistocratig a fedd Cymru heddiw, dyna'i chyswllt hi â Chunedda ac â Rhufain. Brwydr dros urddas y ddynoliaeth Gymreig yw brwydr yr iaith, dros dlodion Cymru a'u hetifedd-iaeth. Dyna'r pam y mae sefydlu cymdeithasau uniaith Gymraeg fel y ceisir gwneud gan Gymdeithas Tai Gwynedd ac Adfer a chan gwmni cydweithredol Llanaelhaearn, efallai'n fwy addawol na'r propaganda politicaidd. Mae'r hedyn mwstard yn y tir.

Western Mail, 18 Ebrill 1975

108

'O'R dechrau', ebe Mr Evans yn ei ddatganiad ysblennydd yn *Y Cymro,* 'yr oedd fy llygaid i ar y Cymry yn fwy nag ar y Llywodraeth.' Ond er hynny act wleidyddol, ac yn anelu at newid bwriad y Llywodraeth, act arweinydd gwleidyddol, yw ei rybudd ef o ympryd, ac ni bydd arweinydd arall i Gymru Gymraeg oni dderfydd ei ympryd, sut bynnag y derfydd.

Ni chredaf i y newidia'r Llywodraeth yn Llundain ei pholisi. Nid dyna ei thraddodiad hi. Ac nid oes dim yn holl hanes Cymru o 1536 hyd heddiw i beri iddi funud o anesmwythyd.

Ychydig anesmwythyd o ganlyniad i'w farwolaeth ef yw'r un peth a ofna Mr Evans: 'Y byddai marw o'r ympryd yn achosi trais . . . Apeliaf at y Cymry yn awr, pe bai'r Llywodraeth yn gadael imi farw i ymgadw'n llwyr rhag gwneud hyn yn rheswm neu esgus dros ddefnyddio trais.' Dyna'r unig frawddeg yn holl ddatganiad hardd Mr Evans na fedraf i o gwbl ei derbyn. Gair taeogion yw trais, fel y defnyddir ef heddiw. Ystyr trais yn ôl Geiriadur 1632 yw ysbeilio, act concwerwr neu drechwr, gormes. Nid trais yw unrhyw weithred o amddiffyn beth bynnag ei gost, eithr act o anrhydedd a hawl. Enghraifft o drais dialgar a sbeitlyd oedd y dirwyon yn llys y Goron yng Nghaerfyrddin ac yn Llys Ynadon Rhydaman, Awst 6.

Yr unig apêl uniongyrchol a wnaeth Mr Evans hyd yn hyn at ei genedl fu gofyn iddynt atal talu'r drwydded deledu hyd oni ddychwelai'r Llywodraeth at ei haddewid etholiadol. Cytunodd o leiaf ddwy fil. Y mae'r llysoedd ynadon yn prysur ddirwyo nifer ohonynt bob wythnos ac yn anfon nifer sy'n diystyru'r dirwyon i garchar. Nid yw hynny'n cynhyrfu'r wlad lawer iawn. 'Rwyf yn rhoi fy mywyd yn nwylo fy nghydwladwyr', medd Mr Evans. Araf iawn yw mwyafrif ei gydwladwyr i ddeall ei feddwl. Mae'r baich yn un go fawr.

Fe all ei gydwladwyr, a bod y peth o bwys ganddynt, achub bywyd Mr Evans. Gallant wneud hynny — heb wrthryfel, heb dywallt gwaed, heb ddinistrio eiddo. Gallant fodloni'r heddychwyr selocaf. Y mae'r peth yn syml ac yn hawdd i'r neb sy'n derbyn fod bywyd ein cenedl a'n hiaith yn y fantol. Y cwbl sy'n rhaid yw ymwrthod â theledu, llwyr ymwrthod, gwerthu'r set deledu neu ei hanfon yn ôl i'r cwmni neu'r siop a'i rhoes ar rent, a hynny nid dros dro, ond yn derfynol. Os ceir dwy fil i wneud hynny cyn diwedd mis Hydref, bydd y cwmnïau trydan a theledu a'r Swyddfa Bost a'r undebau llafur yn cynhyrfu o ddifri.

A ydyw hyn yn bosibl? Nac ydyw yng Nghymru heddiw. Lleiafrif dibwys yw'r Cymry Cymraeg heddiw sy'n gwbl argyhoeddedig fod eu gwlad hwy a'i hiaith hi a'i chenedl hi a'i bywyd Cymreig mewn capel a llan a bro yn gofyn aberthu trostynt, yn hawlio dioddef trostynt, yn galw am farw trostynt. Mae'r syniad mor ddieithr, mor Anghymreig. Mae bechgyn a merched yn oed llencyndod yn clywed yr alwad a rhai'n ateb yn hael a dewr heb gyfri'r gost. Ond wedi priodi? A'r canol oed? Tadau teuluoedd? Tri go anghyffredin a welwyd yn y doc yng Nghaerfyrddin. Y llywodraeth sofran yn unig gyda'i phlismyn fedr alw i'r gad. Nid Cymru Gwynfor Evans.

Nid oes gan hynny ond diwygiad crefyddol amdani. Rhaid gweld gwladgarwch Cymreig, fel y gwelodd Emrys ap Iwan a J.R. Jones ef, yn elfen hanfodol o argyhoeddiad crefyddol Cristnogol. A chychwyn diwygiad crefyddol newydd y dydd y bydd Mr Evans yn cychwyn ei ympryd, llenwi'r wlad â gweddi: 'Arglwydd, Cadw Gymru', a bydd aberth bychan ymwadu'n llwyr â theledu ym mhob cartref Cymraeg trwy Gymru gyfan yn ymddangos yn beth bychan wrth y diwygiad dirwestol yn y ganrif gynt. Dyna wir ystyr apêl Mr Gwynfor Evans, galwad ar bob capel a llan. A rhoi ei fywyd dros ei genedl. Cariad mwy na hwn?

Y Faner, 5 Medi 1980

Lewis, Saunders
    Ati, wŷr ifainc.— (Classic series of the Welsh Academy)
    1. Wales – Civilization
    I. Title   II. Dafydd, Meg   III. Jones, Bobi
    IV. Series
    942.9   DA711.5

    ISBN 0-7083-0919-4